Hannes Rehfeldt

Herausforderungen und Chancen der Umsetzung der Bundesinitiative Netzwerke Frühe Hilfen und Familienhebammen am Beispiel eines Berliner Bezirkes

Masterarbeit zur Erlangung des Grades
Master of Public Administration (MPA)

Mit einem Vorwort von Prof. Dr. Heinrich Bücker-Gärtner

© 2016 Hannes Rehfeldt
Schriftenreihe des Fachbereichs Allgemeine Verwaltung, Band 3
Beirat: Prof. Dr. Kristina Bautze, Prof. Dr. Gabriele Steckmeister,
          Prof. Dr. Kerstin Wüstner
Lektorat: Prof. Dr. Dörte Busch

Verlag: tredition GmbH, Hamburg
ISBN: 978-3-7345-6119-1 (Paperback)
Printed in Germany

Inhaltsverzeichnis

Vorwort

Die nachstehende Arbeit ist entstanden aus dem beruflichen Kontext des Verfassers im Geschäftsbereich Jugend und Gesundheit des Bezirksamtes Neukölln von Berlin. Neukölln als Bezirk des Stadtstaates Berlin erfüllt seine Verwaltungsaufgaben gemäß Artikel 66 Verfassung von Berlin nach den Grundsätzen der Selbstverwaltung. Damit hat dieser Bezirk mit fast 330.000 Einwohnern faktisch den Status einer deutschen Großstadt. Vor dem Hintergrund der im Vergleich zu den anderen 11 Bezirken Berlins höchsten Säuglingssterblichkeitsquote (ermittelt für die Jahre 2009 – 2011) hat der Geschäftsbereich Jugend und Gesundheit zusammen mit zivilgesellschaftlichen Akteuren eine eigene Präventionsstrategie entwickelt. Diese umfasst die besondere Zielsetzung, dass alle Eltern „wertschätzend, achtsam, kulturspezifisch und kompetenzfördernd begleitet" werden. Diese Strategie versucht zunächst das Vertrauen der Betroffenen zu gewinnen, um dann durch fachliche Unterstützung ihre Fähigkeiten zur Wahrnehmung der elterlichen Sorge auszubauen.

Die dieser Veröffentlichung zu Grunde liegenden Analysen hat der Verfasser am Ende seines berufsbegleitenden Fernstudiums Master of Public Administration durchgeführt. Dabei konnte er auf vielfältige mit seiner Tätigkeit verbundene einschlägige Informationen zurückgreifen. Denn er war mit der Entwicklung von Konzepten zur Umsetzung der im Jahre 2012 gestarteten Bundesinitiative Netzwerke ‚Frühe Hilfen und Familienhebammen' betraut. Die Analyse ist auf die beiden Leitfragen ausgerichtet:

- wie die zu dieser Initiative verbundenen Maßnahmen konkret in der Bezirksverwaltung Neukölln von Berlin umgesetzt und
- inwieweit dabei die mit der Initiative beabsichtigten zentralen Ziele erreicht werden.

Die nachstehende Arbeit ist für die Schriftenreihe des Fachbereichs unter anderem deshalb ausgewählt worden, weil sie einen beachtenswerten Beitrag zu der weitgehend vernachlässigten Implementations- und Wirkungsforschung politischer Programme liefert. Hervorzuheben ist dabei, dass der Verfasser zum einen konkrete Maßnahmen, die in der Bundesinitiative gar nicht vorgesehen sind, vorschlägt, wie die Zielgruppe möglichst umfassend erreicht wird. Zum anderen zeigt er auf, wie durch organisatorische Änderungen und eine Neugestaltung bestimmter Arbeitsprozesse die Wirksamkeit der Maßnahmen erhöht werden kann. Darüber hinaus wird eine Wirtschaftlichkeitsbetrachtung vorgenommen. Diese zeigt, dass mit jedem durch die Bundesinitiative Netzwerke ‚Frühe Hilfen und Familienhebammen' eingesetzten Euro mindestens 13 Euro an Folgekosten vermieden werden können.

Prof. Dr. Heinrich Bücker-Gärtner

I Einleitung

Diese Arbeit zur Erlangung des akademischen Grades Master of Public Administration beschäftigt sich mit der Umsetzung der „Bundesinitiative Netzwerke Frühe Hilfen und Familienhebammen". Diese Bundesinitiative verfolgt das Ziel der frühzeitigen Prävention von Vernachlässigung, Misshandlung und gesundheitlicher Fehlentwicklung von Kindern sowie der Unterstützung von Eltern[1] zur Wahrnehmung ihrer Erziehungsverantwortung und des Ausbaus von Netzwerken im Rahmen von Frühen Hilfen.[2]

Die Förderung des gesunden Aufwachsens von Kindern ist eine der Kernaufgaben des Staates. Zwar sind Pflege und Erziehung das natürliche Recht der Eltern und die *„zuvörderst ihnen obliegende Pflicht"*[3]. Dieser Grundrechtsschutz darf aber nur für ein Handeln in Anspruch genommen werden, das bei weitester Anerkennung der Selbstverantwortlichkeit der Eltern noch als Pflege und Erziehung gewertet werden kann, nicht aber für das Gegenteil: die Vernachlässigung oder gar Misshandlung des Kindes.[4] Das dem Staat übertragene Wächteramt wirkt in seiner – selbst nach weiter Auslegung – weitgehendsten Ausgestaltung ausschließlich reaktiv und kann nur dann greifen, wenn eine Beeinträchtigung des Kindeswohls erheblich, nachhaltig und absehbar ist.

Eine Ausweitung des Wächteramtes in Richtung präventiven Handelns wird hingegen von SCHONE gesehen. Er geht davon aus, dass die staatliche

---

1   Mit dem Begriff „Eltern" sind im Rahmen dieser Arbeit grundsätzlich diejenigen Personen gemeint, denen allein oder gemeinsam mit einer anderen Person die Personensorge nach den Vorschriften des Bürgerlichen Gesetzbuches zusteht.

2   Bundesministerium für Familie, Senioren, Frauen und Jugend 2012, Seite 2.

3   Artikel 6 Absatz 2 Grundgesetz für die Bundesrepublik Deutschland (GG).

4   Bundesverfassungsgericht 1968: BVerfGE 24, 119, Rdnr. 60.

Gemeinschaft auch für diejenigen Kinder und Familien angemessene Lebensbedingungen zu schaffen hat, die aus eigener ökonomischer und sozialer Kraft Belastungen und Benachteiligungen nicht ausgleichen können[5].

Die Bundesregierung vertritt eine ähnliche Auffassung, wenn sie im Gesetzentwurf zum Bundeskinderschutzgesetz ausführt, dass der Staat seinem Schutzauftrag mittels eines breiten Spektrums von Hilfen zur Stärkung der Erziehungskompetenz der Eltern und zur Unterstützung bei der Wahrnehmung der Erziehungsverantwortung in schwierigen Erziehungssituationen nachkommt[6]. Präventive Wirkung entfalten demnach zudem staatliche oder öffentlich geförderte Leistungen, die primär anderen Zwecken, etwa der Armutsbekämpfung oder der Gesundheitsvorsorge dienen.[7]

Vor dem Hintergrund steigender Kosten für reaktiven Kinderschutz und zahlreicher auch in den bundesweiten Medien beachteter Fälle von Kindesmisshandlung und Kindesvernachlässigung[8] rückten die präventive Vermeidung und das vorgelagerte Erkennen von Kindeswohlgefährdung zunehmend in den Fokus der Öffentlichkeit. Neben der bundesweiten Initiative zur Förderung der Frühen Hilfen auf Grundlage des Bundeskinderschutzgesetzes ist die frühzeitige Präventionsarbeit zur Stärkung von Elternkompetenzen und der Förderung des gesunden Aufwachsens von Kindern sowie der Ausbau von Netzwerken der Frühen Hilfen bereits einige Zeit vorher in vielen Kommunen in Deutschland begonnen worden. Im Gegensatz zum (weitgehend) reaktiven Kinderschutz auf direkter Grundlage des staatlichen Wächteramtes und unter Rückgriff auf das staatliche Gewaltmonopol greifen diese Präventionsstrategien auf freiwillige Leistungen zurück und sind daher in erheblichem Maße auf gesamtgesellschaftliche und individuelle Akzeptanz angewiesen.

---

5   Schone 2008, Seite 9, zitiert nach Buschhorn 2012, Seite 31.

6   Deutscher Bundestag 2011, Seite 15.

7   Deutscher Bundestag 2011, Seite 15.

8   Siehe nur RBB Abendschau vom 07.10.2012, 0:43 bis 1:54.

Die Auseinandersetzung mit diesem Thema ist von einem Mangel an umfassenden wissenschaftlichen Untersuchungen zur Wirksamkeit präventiver Strategien geprägt. Zwar liegen einige Evaluationen und Berichte zu einzelnen Maßnahmen vor.[9] Unabhängige wissenschaftliche Untersuchungen zur langfristigen Wirksamkeit von Frühen Hilfen und des Netzwerkaufbaus sind jedoch nicht verfügbar. Es ist aufgrund der beabsichtigten langfristigen Wirkung Früher Hilfen auch fraglich, mit welcher Verlässlichkeit eine Wirksamkeit nachgewiesen werden kann. In jedem Fall laufen langfristige Längsschnittstudien Gefahr, gefundene Ergebnisse vor dem Hintergrund zahlreicher gesamtgesellschaftlicher Einflussfaktoren auf kindliche Entwicklung nicht zweifelsfrei den Maßnahmen Früher Hilfen zuordnen zu können. Insofern kann die Wirkung Früher Hilfen nur anhand nachvollziehbarer, jedoch letztlich nicht nachgewiesener Annahmen vermutet werden.

Um darzustellen, welche Maßnahmen in einem Berliner Bezirk zur Umsetzung einer bestehenden Präventionsstrategie sowie der Bundesinitiative Netzwerke Frühe Hilfen und Familienhebammen erfolgen, werden zunächst die Rahmenbedingungen und Anforderungen an präventive Arbeit untersucht, um anschließend beurteilen zu können, in welchem Umfang und mit welchen Mitteln vorliegende wissenschaftliche und gesetzgeberische Vorgaben erfüllt werden.

Dazu werden zu Beginn in Kapitel II die für diese Arbeit wichtigsten Begriffe erläutert und es wird dargestellt, in welchem Zusammenhang sie mit dem Untersuchungsgegenstand stehen. Dabei werden auch kritische Anmerkungen zu vorliegenden Begriffsdefinitionen wiedergegeben und reflektiert.

---

9   Neuere Forschung zu den Teilaspekten Versorgungskompetenz und elterliche Kompetenzüberzeugung legt Buschhorn 2012 vor.

Anschließend wird im Kapitel III ausführlich dargestellt, welche Gründe, die über den regelmäßigen – auch präventiven – Anspruch von Kindern auf Schutz ihrer Rechte auf körperliche Unversehrtheit, freie Entfaltung der Persönlichkeit und gewaltfreie Erziehung[10] hinausgehen, für eine stärkere Konzentration auf Frühe Hilfen sprechen. Neben dem individuellen Schutzanspruch des Kindes spielen hier auch volkswirtschaftliche Gründe, die ausführlich dargestellt werden, eine Rolle. Es wird gezeigt werden, wie die gesellschaftlichen Folgekosten von nicht erfolgreicher oder verspäteter Intervention bei Fehlentwicklungen durch frühzeitige Prävention vermindert werden können. Darüber hinaus wird die gesellschaftliche Relevanz anhand einer kursorischen Darstellung der politischen Entwicklung des Bundeskinderschutzgesetzes sowie einer kurzen Übersicht über verfügbare Kennzahlen zu Kindeswohlgefährdung und der gesundheitlichen Entwicklung von Kindern dargestellt. Zudem werden die für Frühe Hilfen wesentlichen rechtlichen Grundlagen vorgestellt.

Im Anschluss soll das Kapitel IV darüber Auskunft geben, welche Maßnahmen im Rahmen der Bundesinitiative Netzwerke Frühe Hilfen und Familienhebammen, die im Jahr 2012 durch das Gesetz zur Kooperation und Information im Kinderschutz (KKG)[11] initiiert wurde, vorgesehen sind und wie die Umsetzung in den Kommunen als Träger der Jugendhilfe konzeptionell geplant ist.

Die konkrete Umsetzung dieser Bundesinitiative sowie deren Verknüpfung zu der darüber hinausgehenden kommunalen Strategie zur Prävention von Vernachlässigung, Misshandlung und gesundheitlicher Fehlentwicklung von Kindern sowie zur Unterstützung von Eltern zur Wahrnehmung ihrer

---

10 § 1631 Absatz 2 Bürgerliches Gesetzbuch in der Fassung der Bekanntmachung vom 2. Januar 2002 (BGBl. I S. 42, 2909; 2003 I S. 738), das zuletzt durch Artikel 4 Absatz 5 des Gesetzes vom 1. Oktober 2013 (BGBl. I S. 3719) geändert worden ist (BGB).

11 Gesetz zur Kooperation und Information im Kinderschutz vom 22. Dezember 2011 (BGBl. I S. 2975) (KKG).

Erziehungsverantwortung und dem Ausbau von Netzwerken im Berliner Bezirk Neukölln wird in Kapitel V beispielhaft dargestellt und insbesondere die organisatorischen und strukturellen Rahmenbedingungen untersucht. Dabei ist zu berücksichtigen, in welchem Umfang und mit welchen Maßnahmen die selbstgesteckten strategischen Ziele umgesetzt werden sollen. Eine Evaluation der durchgeführten Maßnahmen ist im Rahmen dieser Arbeit nicht vorgesehen und ist aufgrund der zahlreichen zu berücksichtigenden Faktoren auch nur in einem umfangreicheren Forschungsprojekt sinnvoll durchzuführen.

Vielmehr sollen die vom Gesetzgeber geäußerten Erwartungen und Ansprüche an die Frühen Hilfen und den Ausbau der Prävention zusammengetragen und der praktischen Umsetzung in einem Bezirk mit den Dimensionen einer Großstadt gegenübergestellt werden. Diese Arbeit soll letztlich die Frage beantworten, ob die im Berliner Bezirk Neukölln umgesetzten Maßnahmen sowie die durch den Bezirk gesetzten Rahmenbedingungen den Anforderungen des Gesetzgebers und der aktuellen Forschung zur Umsetzung Früher Hilfen gerecht werden.

Da sich die Ausgangslagen und rechtlichen Rahmenbedingungen in den Bundesländern unterscheiden, wird sich diese Arbeit auf die Situation in einem Berliner Bezirk beziehen und nur kurz auf andere vergleichbare Bundesländer blicken. So soll ein stimmiges Bild der Frühen Hilfen im Berliner Bezirk Neukölln entstehen, anstatt nur einzelne Maßnahmen aus unterschiedlichen Regionen im Überblick darzustellen. Der Bezirk Neukölln wurde für diese Betrachtung ausgewählt, da hier eine relativ neue kommunale Präventionsstrategie durch die bundesweit aktive Bundesinitiative Netzwerke Frühe Hilfen und Familienhebammen ergänzt wird und der Verfasser an der praktischen Umsetzung der Präventionsstrategie beteiligt ist.

Soweit im Rahmen dieser Arbeit personenbezogene Bezeichnungen lediglich in der männlichen oder weiblichen Form gewählt sind, geschieht dies allein aufgrund der Wahrung eines einheitlichen Schriftbildes und des Lesekomforts. Grundsätzlich sind mit diesen Formulierungen alle Geschlechter gemeint.

II Begriffsbestimmungen

In diesem Kapitel werden zunächst die begrifflichen Grundlagen für die Beschäftigung mit den Handlungsfeldern der Frühen Hilfen und der Prävention gelegt. Die in den Begriffsbestimmungen bereits enthaltenen Zielformulierungen von Prävention und Frühen Hilfen werden in den weiteren Kapiteln aufgegriffen und konkretisiert.

1. Kindeswohlgefährdung

Die konkrete Kindeswohlgefährdung wird nicht Thema dieser Arbeit sein. Gleichwohl ist das Vermeiden von Kindesmisshandlung und Vernachlässigung eine der wichtigen Zieldimensionen präventiven Handelns der Frühen Hilfen. Daher soll hier eine Einordnung des Begriffes als Rechts- und Fachbegriff erfolgen.

Nach SCHMID und MEYSEN steht der § 1666 BGB im Zentrum der rechtlichen Verortung der *„sozialen Konstruktion Kindeswohlgefährdung"*[12]: „Wird das körperliche, geistige oder seelische Wohl des Kindes oder sein Vermögen gefährdet und sind die Eltern nicht gewillt oder nicht in der Lage, die Gefahr abzuwenden, so hat das Familiengericht die Maßnahmen zu treffen, die zur Abwendung der Gefahr erforderlich sind"[13]. Zwar sind die noch von den Autoren genannten maßgeblichen Gefährdungslagen (missbräuchliche Ausübung der elterlichen Sorge, Vernachlässigung des Kindes, unverschuldetes Elternversagen, Verhalten eines oder einer Dritten) zwischenzeitlich mit dem „Gesetz zur Erleichterung familiengerichtlicher Maßnahmen bei Gefährdung des Kindeswohls"[14] aus der Vorschrift entfernt worden. Diese Streichung änderte jedoch letztlich nichts an der Zielrichtung

---

12 Schmid / Meysen 2006, Seite 2-1.

13 § 1666 Absatz 1 BGB.

14 Gesetz vom 4. Juli 2008 (BGBl. I S. 1188).

des § 1666 BGB, sondern soll den Anforderungen an eine Anrufung des Familiengerichtes in der Praxis gerecht werden und ein schnelleres Verfahren ermöglichen, wie sich exemplarisch aus der Begründung für die Streichung des „elterlichen Erziehungsversagens" im Gesetzesentwurf ergibt:

> „Die vorgeschlagene Streichung des ‚elterlichen Erziehungsversagens' soll die maßgeblichen Voraussetzungen familiengerichtlichen Eingreifens bei Gefährdung des Kindeswohls klarstellen. Ziel ist es nicht, die Eingriffsschwelle der Kindeswohlgefährdung zu senken, vielmehr soll die Streichung in erster Linie praktische Schwierigkeiten beseitigen. Bereits bei der Einschaltung des Familiengerichts durch das Jugendamt wirft die Feststellung eines für die Kindeswohlgefährdung ursächlichen Fehlverhaltens der Eltern unnötige Unsicherheiten auf. Die Änderung soll daher mögliche Hürden bei der Anrufung des Familiengerichts beseitigen und eine frühe Anrufung der Familiengerichte fördern. Die Streichung des 'elterlichen Erziehungsversagens' soll auch die richterliche Ermittlung und Begründung einer Maßnahme zum Kindesschutz erleichtern und von unnötigen Prüfschritten befreien."[15]

Die Erleichterung liegt also darin, dass die Ursächlichkeit eines bestimmten elterlichen Fehlverhaltens nicht mehr festgestellt werden muss, bevor das Familiengericht angerufen wird. Vielmehr steht die tatsächliche Gefährdung des Kindes im Mittelpunkt.

Fraglich bleibt weiterhin, wie sich die in § 1666 BGB als abstrakte Eingriffsvoraussetzung formulierte Gefährdung als Lebenssachverhalt darstellt und ab welchem Punkt eine Gefährdung anzunehmen ist. Diese Frage ist letztlich der Kern der Beurteilung einer Kindeswohlgefährdung. Eine einheitliche Definition liegt zwar nicht vor, einen offenkundig durch den polizeirechtlichen Gefahrenbegriff inspirierten Definitionsversuch unternehmen

---

15 Deutscher Bundestag 2007, Seite 14.

jedoch MÜNDER et al. Demnach liegt eine Gefährdung des Kindeswohls im Sinne des § 1666 BGB vor, wenn

> „[...] *durch die soziale, psychosoziale oder individuelle Sozialisationssituation, in der sich der Minderjährige befindet, konkret benennbare Schädigungsfolgen wahrscheinlich eintreten werden, so dass die Nichtveränderung der Situation eine Gefahr für das persönliche Wohl des Kindes bedeutet.*"[16]

In der Sache ähnlich wird die Kindeswohlgefährdung im Konzept für ein Netzwerk Kinderschutz der Berliner Senatsverwaltung für Bildung, Wissenschaft und Forschung definiert.[17]

Insbesondere in weniger schweren Fällen, in denen es nicht um eine konkrete Lebensgefahr für das Kind geht, stößt der unbestimmte Rechtsbegriff der Kindeswohlgefährdung an objektive Messbarkeitsgrenzen.[18] Denn bei der Masse an das Kindeswohl betreffenden Grundbedürfnissen (Nahrung, Pflege, Schutz, emotionale Zuwendung, sichere Bindung, Bildung etc.) und der unterschiedlichen Auswirkung ihrer (Nicht)Erfüllung auf unterschiedliche Kinder ist ein eindeutiger Übergang zwischen Kindeswohl und Kindeswohlgefährdung nicht in jedem Einzelfall anhand allgemeiner Kriterien auszumachen[19]. Vielmehr ist die Kindeswohlgefährdung ein rechtlich normatives Konstrukt, dessen jeweilige Einschätzung im Einzelfall im Sinne

---

16 Münder et al. 2006, Seite 279, zitiert nach Buschhorn 2012, Seite 32.

17 Senatsverwaltung für Bildung, Wissenschaft und Forschung Berlin, Anlage 11 der Mitteilung zur Kenntnisnahme an das Abgeordnetenhaus, Seite 1.

18 Buschhorn 2012, Seite 33.

19 Buschhorn 2012, Seite 33f. sowie Senatsverwaltung für Bildung, Wissenschaft und Forschung Berlin, Anlage 11 der Mitteilung zur Kenntnisnahme an das Abgeordnetenhaus, Seite 1.

einer vorliegenden Gefährdung Konsequenzen nach sich zieht.[20] Die Feststellung einer Kindeswohlgefährdung ist demnach keine Tatsachenbeschreibung, sondern eine zwangsläufig hypothetische (Risiko-)Einschätzung über die Wahrscheinlichkeit des Auftretens von erheblichen Schädigungen für das Kind auf der Grundlage relevanter Informationen.[21]

Als Fachbegriff wird Kindeswohlgefährdung detaillierter in Misshandlung[22], Vernachlässigung und sexuellen Missbrauch[23] differenziert[24]. Weiter ist eine Differenzierung von Misshandlung in körperliche und psychische Misshandlung sowie häusliche Gewalt und eine Differenzierung von Vernachlässigung in Vernachlässigung des seelischen/geistigen und des körperlichen Wohls möglich.[25] KINDLER und SANN unterscheiden zudem zwischen dem Begriff der Kindeswohlgefährdung im engeren Sinne, der mit unmittelbarer Vernachlässigung, Misshandlung oder sexuellem Missbrauch einhergeht und der Kindeswohlgefährdung im weiteren Sinne, die das Vorliegen von Risikofaktoren beschreibt, denen eine erhöhte Wahrscheinlichkeit für eine negative Entwicklung des Kindes zugeschrieben wird.[26]

---

20   Schone 2008, Seite 25.

21   Schone 2010, Seite 5.

22   Zu den physischen Merkmalen von Misshandlung siehe Tsokos / Guddat, Seite 11f.

23   Die Verhinderung von sexuellem Missbrauch ist kein ausdrückliches Handlungsfeld der Frühen Hilfen. Diese Ausprägung der Kindeswohlgefährdung wird daher in dieser Arbeit keine weitere Rolle spielen.

24   Schmid / Meysen 2006, Seite 2-1.

25   Senatsverwaltung für Bildung, Wissenschaft und Forschung Berlin, Anlage 11 der Mitteilung zur Kenntnisnahme an das Abgeordnetenhaus, Seite 2.

26   Kindler / Sann 2007, Seite 43, zitiert nach Maier-Gräwe / Wagenknecht 2011, Seite 14.

Insbesondere die Vernachlässigung ist im Gegensatz zu den Formen der Kindeswohlgefährdung mit direkt zuordenbaren körperlichen Anzeichen teilweise schwierig zu diagnostizieren und in ihrer Schwere und Auswirkung auf das Kind zu beurteilen.

Im Rahmen dieser Arbeit soll als Vernachlässigung verstanden werden das

> „[...] andauernde oder wiederholte Unterlassen fürsorglichen Handelns bzw. Unterlassen der Beauftragung geeigneter Dritter mit einem solchen Handeln durch Eltern oder andere Sorgeberechtigte, das für einen einsichtigen Dritten vorhersehbar zu erheblichen Beeinträchtigungen der physischen und/oder psychischen Entwicklung des Kindes führt oder vorhersehbar ein hohes Risiko solcher Folgen beinhaltet."[27]

Diese Definition ist erkennbar von den zum jeweiligen Anwendungszeitpunkt in der Gesellschaft als akzeptabel geltenden Verhaltensweisen und von gesamtgesellschaftlichen Normen geprägt und beinhaltet mehrere Begriffe, die eine weitergehende inhaltliche Konkretisierung im Einzelfall verlangen.

Die möglichen Erscheinungsformen von Vernachlässigung lassen sich darüber hinaus folgendermaßen aufzählen:

- Körperliche Vernachlässigung: jeglicher Mangel (das heißt nicht den Bedürfnissen entsprechende Gewährleistung) an Pflege und Versorgung wie unzureichende Nahrungsmittelversorgung (oder Nahrungsentzug), unzureichende Zufuhr von benötigten und geeigneten Flüssigkeiten, stark und dauerhaft verschmutzte Kleidung, mangel-

---

27   Kindler 2007, Seite 96.

hafte Hygiene oder mangelhafte medizinische Versorgung sowie unzureichender Wohnraum (Größe, Zustand, Ausstattung).

- Erzieherische Vernachlässigung: Mangel an Förderung, Spiel und anregender Erfahrung, Nichtbeachtung des individuellen Erziehungs- und Förderbedarfes. Konkret können das die fehlende Einflussnahme auf einen regelmäßigen Schulbesuch sowie das Einwirken zur Vermeidung von Suchtmittelkonsum des Kindes sein.

Emotionale Vernachlässigung: Mangel an emotionaler Wärme in der Beziehung zum Kind beziehungsweise fehlende Reaktion auf emotionale Signale des Kindes.

- Unzureichende Beaufsichtigung: Verhalten der Aufsichtspersonen, insbesondere das Alleinlassen des Kindes, das dem individuellen Beaufsichtigungsbedarf nicht gerecht wird oder fehlende angemessene Reaktionen auf längere (unplanmäßige) Abwesenheit des Kindes.[28]

Zusätzlich ist eine Unterscheidung zwischen unbewusster (aus Mangel an eigener Kompetenz oder Einsicht der Sorgeberechtigten) und bewusster (aktiver und willentlicher Entzug oder Verweigerung von erforderlichen Ressourcen) Vernachlässigung sinnvoll[29]. Diese Unterscheidung sei insbesondere dann erforderlich, wenn aufgrund einer vorliegenden Kindeswohlgefährdung zu entscheiden ist, ob und gegebenenfalls welche Unterstützungsmaßnahmen oder anderweitige Schritte (gegen die Sorgeberechtigten) einzuleiten sind[30]. Mit Frühen Hilfen sollen zum großen Teil – aber nicht ausschließlich[31] – Formen der unbewussten Vernachlässigung verhindert oder in ihren Auswirkungen auf das Kindeswohl abgeschwächt werden.

---

28 Buschhorn 2012, Seite 36f.

29 Deegener, Körner 2006, Seite 83, zitiert nach Buschhorn 2012, Seite 37.

30 Deegener, Körner 2006, Seite 83, zitiert nach Buschhorn 2012, Seite 37.

31 So kann beispielsweise die Stärkung von Elternkompetenzen und die Bereitstellung von Ressourcen zur Problemlösung auch dazu beitragen, das

2. Prävention

Der aus dem lateinischen Verb praevenire stammende Begriff Prävention bedeutet vorbeugen oder zuvorkommen. Er steht ursprünglich für die Strategie in der Medizin, Auslösefaktoren von Krankheiten zurückzudrängen oder ganz auszuschalten[32] und damit eine Behandlung von bereits manifestierten Erkrankungen zu erleichtern beziehungsweise unnötig zu machen.

Dabei bezeichnet Krankheitsprävention alle Eingriffshandlungen, die dem Vermeiden des Eintretens oder des Ausbreitens einer Krankheit dienen[33]:

> *„Im Idealfall soll so früh eingegriffen werden, dass sich aus den identifizierten Risikofaktoren noch keine erkennbaren Krankheitssymptome gebildet haben (primäre Prävention). Auch eine Intervention bei bereits manifesten Krankheitssymptomen im Erststadium gilt als aussichtsreich (sekundäre Prävention)."*[34]

Insbesondere die Merkmale der primären und sekundären Prävention können nicht direkt aus dieser medizinisch geprägten Begriffsdefinition übernommen werden. Soweit im Bereich der Frühen Hilfen Risikofaktoren identifiziert wurden, handelt es sich bereits um Sekundärprävention, während die zweite Präventionsstufe in der vorliegenden Definition bereits Intervention und tertiäre Prävention in der Kinder- und Jugendhilfe umfasst.

Risiko einer sich im Lebensverlauf entwickelnden Tendenz zu bewussten Vernachlässigungshandlungen zu reduzieren.

32 Hurrelmann et al. 2010, Seite 13.

33 Hurrelmann et al. 2010, Seite 14.

34 Hurrelmann et al. 2010, Seite 15.

Andere medizinische Präventionsdefinitionen entsprechen hingegen der auch im Bereich der Kinder- und Jugendhilfe gängigen Definition. So werden im Neuköllner Gesundheitsbericht primärpräventiv vermeidbare Todesfälle als diejenigen Todesfälle bezeichnet, die durch allgemeine präventive Maßnahmen zur Verringerung von Risikofaktoren vermieden werden könnten.[35] Solche Maßnahmen können zum Beispiel Aufklärungskampagnen zur Gefahr des Alkohol- und Tabakkonsums sein. Sekundärpräventiv vermeidbar sind demnach hingegen solche Todesfälle, die durch medizinische Maßnahmen zur frühen Diagnose vermieden werden könnten. Dazu zählen Früherkennungsuntersuchungen.

Tertiärpräventiv vermeidbar sind dieser medizinischen Definition zufolge schließlich solche Todesfälle, die durch medizinische und präventive Maßnahmen zur Vorbeugung des Voranschreitens einer bestehenden Erkrankung bzw. eines Rückfalls vermieden werden könnten. Hier werden beispielhaft Schulungen zum Umgang mit der Erkrankung genannt.

Im Bereich der Kinder- und Jugendhilfe ist die Idee des vorbeugenden Handelns schon im 8. Kinder- und Jugendhilfebericht als zentrale Strukturmaxime erkannt worden. Bereits im Jahr 1990 wird darin festgestellt, dass die traditionelle Jugendhilfe weitgehend nachsorgend orientiert ist und erst dann aktiv wird, wenn Probleme sich zuspitzen und verhärtet haben[36]. Primäre Prävention ziele hingegen auf lebenswerte, stabile Verhältnisse, die es gar nicht erst zur Entwicklung von Krisen und Konflikten kommen lassen. Der Fokus der dort beschriebenen präventiven Orientierung liegt jedoch auf der sekundären Prävention, zu der bestimmte belastende Situationen identifiziert wurden. Diese Situationen sind unter anderem die Übergänge zwischen den Lebensphasen (Geburt eines Kindes, Übergang des Kindes von der Familie in die Kita, von der Kita in die Schule sowie von der Schule in

---

35   Bezirksamt Neukölln von Berlin 2016, Seite 14.

36   Bundesministerium für Jugend, Familie, Frauen und Gesundheitsförderung 1990, Seite 85.

das Arbeitsleben oder in weitere Ausbildung) sowie unvorhergesehene Veränderungen im Lebensumfeld (Arbeitslosigkeit, Scheidung, Überschuldung) und Ereignisse wie Krankheit oder Tod.[37]

Aufgabe der Kinder- und Jugendhilfe sei demnach, möglichst frühzeitig in den Prozess der Entwicklung von Konflikten und Risiken bei Individuen oder in Sozialräumen einzugreifen, um die Wahrscheinlichkeit für das Eintreten einer risikohaften Entwicklung zu reduzieren beziehungsweise einen Schadenseintritt zu verhindern[38]. Als Schaden ist in diesem Zusammenhang jegliche Verletzung von rechtlichen oder gesellschaftlichen Normen in Bezug auf die körperliche, seelische und geistige Entwicklung von Kindern und Jugendlichen zu verstehen. Das sind insbesondere alle Fälle der Kindeswohlgefährdung wie Misshandlung, der Vernachlässigung und des sexuellen Missbrauchs (vgl. dazu II 1.). Zu beachten ist dabei auch, dass es sich nicht ausschließlich um eindeutig geregelte und kodifizierte Sachverhalte handelt. Vielmehr wird das einem stetigen Wandel unterworfene gesellschaftliche Normverständnis als Maßstab herangezogen. Die tertiäre Prävention, die im 8. Kinder- und Jugendhilfebericht zunächst fehlt, wurde später ergänzt.[39]

Neuere Forschung entfernt sich zunehmend von der Betrachtung von Risikofaktoren und wendet sich vielmehr Schutzfaktoren zu, die als Ressourcen bei der Erhaltung und Wiederherstellung von Gesundheit eine wichtige Rolle spielen. Stichworte für diesen Perspektivenwechsel sind die Begriffe

---

37 Bundesministerium für Jugend, Familie, Frauen und Gesundheitsförderung 1990, Seite 85 sowie Tsokos / Guddat 2014, Seite 40. Eine ausführliche Auflistung empirisch abgesicherter Risikofaktoren findet sich außerdem mit weiteren Quellenangaben bei Kindler / Sann 2010, Seite 166ff. sowie bei Wille / Ravens-Sieberer 2008, Seite 15f.

38 Buschhorn 2012, Seite 46.

39 Buschhorn 2012, Seite 46.

Salutogenese[40] (Suche nach Faktoren, die Gesundheit und Wohlbefinden positiv beeinflussen und negative Auswirkungen vorhandener Risikofaktoren abmildern können) sowie Resilienz[41] (Funktions- und Anpassungsniveau unter starken Risiken, Widerstandsfähigkeit). Diese Strategien sind insbesondere dort angezeigt und erfolgversprechend, wo soziale Risiken nicht oder nicht vollständig veränderbar sind und somit ihre Kenntnis keine Handlungsoption eröffnet.[42]

An der grundlegenden Definition des Präventionsbegriffes in der Kinder- und Jugendhilfe hat sich seit 1990 nichts Wesentliches geändert. Die drei Arten der Prävention unterscheiden sich hinsichtlich ihrer Zielsetzung und des Zeitpunktes, zu dem die Maßnahmen einsetzen und wirken:

> *„Während primäre Prävention auf die Stabilisierung lebenswerter Verhältnisse abzielt, wird die sekundäre Prävention als vorbeugende Hilfe in Situationen wirksam, die erfahrungsgemäß belastend sind und zu Krisen auswachsen können. Die tertiäre Prävention zielt schließlich darauf ab, die Folgen bereits eingetretener Krisen und Probleme zu reduzieren."*[43]

Unter tertiärer Prävention versteht man folglich solche Maßnahmen, die der Resozialisierung und Besserung sowie der Rehabilitation nach Schadenseintritt und / oder Normverstoß dienen (auch indizierte Prävention genannt). Abzugrenzen ist die tertiäre Prävention von der Intervention als unmittelbare Reaktion auf einen eingetretenen Normverstoß mit dem Ziel, den Normverstoß oder den unter Umständen andauernden Schadensverlauf

---

40 Wille / Ravens-Sieberer 2008, Seite 16.

41 Wille / Ravens-Sieberer 2008, Seite 16.

42 Wille / Ravens-Sieberer 2008, Seite 29.

43 Jordan et al. 2005, Seite 8; zitiert nach Buschhorn 2012, Seite 47.

zu beenden.[44] Sekundäre Prävention richtet sich an Personen oder Personengruppen, deren normabweichendes Verhalten noch nicht eingetreten ist, die aber durch das Zusammentreffen bestimmter Faktoren (s.o.) durch eine höhere Wahrscheinlichkeit eines Normverstoßes gekennzeichnet sind[45] (daher auch selektive Prävention genannt). Primäre Prävention hingegen richtet sich an alle Personen, die im Bereich der Kinder- und Jugendhilfe Adressat sein können (daher auch universelle Prävention genannt). Im primärpräventiven Bereich soll durch Aufklärung, Anleitung und Beratung dazu beigetragen werden, abweichendes Verhalten und Risiken in der kindlichen Entwicklung abzuwenden.[46]

Wie schon bei der Definition der tertiären Prävention erkennbar wird, kann eine scharfe Trennung zwischen dem Präventions- und dem Interventionsbegriff schwierig und im Einzelfall irreführend sein. So fordert BÖLLERT bereits 1995, *„Prävention und Intervention als zwei sich nicht ausschließende Reaktionsweisen mit je unterschiedlichen Aufgabenbereichen zu verstehen"*[47]. Vor dem Hintergrund der unterschiedlichen Legitimation sowie der unterschiedlichen Zielsetzung von Intervention und Prävention und den Überschneidungen der zu ihrer Erreichung eingesetzten Maßnahmen, schließen sich Prävention und Intervention also nicht logisch aus[48]. Darüber hinausgehende Kritik am Präventionsbegriff orientiert sich maßgeblich an den komplexer werdenden Lebensentwürfen und -wirklichkeiten von Familien und kritisiert daher vornehmlich das Festhalten an definierten Normalitätsentwürfen.[49]

---

44 Buschhorn 2012, Seite 47.

45 Buschhorn 2012, Seite 47.

46 Buschhorn 2012, Seite 47.

47 Böllert 1995, Seite 122, zitiert nach Buschhorn 2012, Seite 48.

48 Buschhorn 2012, Seite 48.

49 Siehe beispielhaft Böllert 2011, Seite 1127, zitiert nach Buschhorn 2012, Seite 48.

Eine Unschärfe zeigt sich jedenfalls im Bereich der Tertiärprävention, die unmittelbar folgend und weiträumig überschneidend mit einer Intervention nach Schadenseintritt einsetzt. Soweit auch in der Primär- und Sekundärprävention eine Schnittmenge mit der Intervention bei Kindeswohlgefährdung gesehen wird, lässt sich hingegen festhalten, dass in diesem Bereich schon die vorhandene Legitimation und Eingriffsgrundlage unterschieden werden kann. Während die Primär- und Sekundärprävention auf Grundlage von unterstützenden Leistungen zur Wahrnehmung der Erziehungsverantwortung der Eltern erfolgt,[50] erfolgt die Intervention auf Grundlage von repressiven Maßnahmen und in letzter Konsequenz unter Zuhilfenahme des staatlichen Gewaltmonopols[51]. Eine primär- oder sekundärpräventive Maßnahme ist in diesem Kontext nicht denkbar. Umgekehrt ist eine Intervention zum Zeitpunkt des Einsetzens von primären und sekundären Präventionsmaßnahmen nicht denkbar, da schon die Eingriffsvoraussetzungen nicht vorliegen.[52] Aus diesen Gründen wird eine Definitionsunschärfe zwischen Intervention und Primär- beziehungsweise Sekundärprävention für diese Arbeit nicht gesehen.

Bekräftigt wird diese Auffassung von SCHONE, der feststellt, dass es bei Frühen Hilfen (also bei Primär- und Sekundärprävention, siehe II 3.) um die Ausgestaltung einer Infrastruktur sowie interdisziplinäre Vernetzung und Kooperation geht, während es bei dem Begriff der Kindeswohlgefährdung (Intervention, tertiäre Prävention) um die Wahrnehmung individuumbezogener Schutzaufgaben geht[53]. SCHONE führt weiter aus, dass Elemente Früher Hilfen und des Kinderschutzes zwar sehr nahe zusammenrücken können (zum Beispiel bei kleinen Kindern, bei denen eine Mangelversorgung schnell in eine konkrete Gefährdung umschlagen kann), aber dies in

---

50 Beispielsweise § 16 SGB VIII – Das Achte Buch Sozialgesetzbuch – Kinder und Jugendhilfe – in der Fassung der Bekanntmachung vom 11. September 2012 (BGBl. I S. 2022).

51 § 42 Absatz 6 SGB VIII.

52 Ähnlich auch Buschhorn 2012, Seite 55.

53 Schone 2010, Seite 5.

keiner Weise eine Vermischung beider Begriffe und Handlungsaufträge rechtfertigt[54].

Abschließend sollen aber auch zwei weitere Kritikpunkte am Präventionsbegriff Beachtung finden: Die Mutation von Prävention zu einem *„inhaltsleeren Begriff"*[55] kritisiert BÖLLERT ebenfalls bereits 1995. Demnach können alle Maßnahmen und Angebotsformen der sozialen Arbeit als präventiv angesehen werden und folglich aus den durch den 8. Kinder- und Jugendhilfebericht auf den Weg gebrachten finanziellen Maßnahmen für Prävention profitieren.[56] Bereits daraus folgt die Notwendigkeit, strategische Konzepte zur Prävention mit eindeutigen Zielen und Maßnahmen zu hinterlegen sowie eine Abgrenzung zu anderen Instrumenten und Maßnahmen vorzunehmen.

Auch die Frage nach der Zieldimension von Prävention gibt Anlass zur Kritik. So sind Präventionskonzepte und – soweit ein zielgerichtetes und strategisches Handeln vorgesehen ist – Präventionsstrategien darauf angewiesen, im Vorfeld ihres Handelns festzulegen, welche Ziele verfolgt werden, also welche Auswirkungen gesellschaftlichen und familiären Handelns verhindert werden sollen und welche Resultate der angestrebten Norm entsprechen[57]. Dies geschieht immer und zwangsläufig vor dem Hintergrund des gesellschaftlich anerkannten und sich im stetigen Wandel befindlichen Normenkontextes. Eine Differenzierung und gesellschaftliche Anerkennung unterschiedlicher Lebensentwürfe ist folgerichtig in die Präventionskonzep-

---

54 Schone 2010, Seite 5. Anderer Meinung ist Wolff 2010, passim, der sich aus unterschiedlichen Gründen gegen eine Trennung beider Handlungsaufträge ausspricht.

55 Böllert 1995, Seite 112, zitiert nach Buschhorn 2012, Seite 49.

56 Böllert 1995, Seite 112, zitiert nach Buschhorn 2012, Seite 49.

57 Buschhorn 2012, Seite 50.

te einzubeziehen, sollen sie nicht an der Lebenswirklichkeit ihrer Adressaten scheitern.[58]

Die vorliegende Arbeit bewegt sich – auch aufgrund der Zieldimensionen der Bundesinitiative Netzwerke Frühe Hilfen und Familienhebammen und der Frühen Hilfen im Allgemeinen (siehe IV und II 3.) – ausschließlich im Themenfeld der Primär- und Sekundärprävention. Soweit auch Maßnahmen der Tertiärprävention oder Intervention Berücksichtigung finden, wird dies kenntlich gemacht und die vorhandene Verknüpfung zur vorgelagerten Präventionsebene verdeutlicht.

3. Frühe Hilfen

Grundsätzlich erscheint der Begriff „Unterstützung" dem Verfasser sinnvoller als „Hilfen", da Hilfe eher dann zum Einsatz kommt, wenn der Hilfeempfänger auf keinem anderen Wege den bestehenden Bedarf decken kann, sich also in einer Notsituation befindet (so zum Beispiel bei Sozialhilfe, Erste Hilfe etc.). Unterstützung kann hingegen bereits dann geeignet sein, wenn lediglich Defizite in der Bedarfsdeckung bestehen, die jedoch noch nicht die Annahme einer Notsituation begründen, oder wenn das Auftreten von Defiziten vorbeugend vermieden werden soll. Dies trifft konzeptionell auch – wie oben beschrieben – auf Primär- und Sekundärprävention zu. Gleichwohl wird der bestehende Fachbegriff „Frühe Hilfen" auch im Rahmen dieser Arbeit so verwendet, während im Einzelfall begrifflich zwischen Hilfen und Unterstützung unterschieden wird.

Der Begriff Frühe Hilfen erhebt schon dem Wortlaut nach zwei verschiedene Ansprüche an die zur Verfügung gestellte Unterstützung. Einerseits sollen die angebotenen Unterstützungsleistungen bezogen auf das Lebensalter des Kindes frühzeitig erfolgen: Frühe Hilfen richten sich mithin an Schwangere und Eltern mit Kindern in den ersten Lebensjahren sowie deren

---

58   Buschhorn 2012, Seite 50 mit weiteren Quellenangaben.

Bezugspersonen.[59] Gleichzeitig sollen Frühe Hilfen bereits vor einem mögli-chen Schadenseintritt wirken und das Erkennen von bestehenden oder sich entwickelnden Risikofaktoren ermöglichen.[60] Soweit die daraufhin ergriffe-nen Maßnahmen nicht ausreichen, um eine Gefährdung des Kindeswohls abzuwenden, sollen Frühe Hilfen auch für die Einleitung weiterer geeigne-ter Maßnahmen sorgen. Sie entsprechen damit der bereits beschriebenen Definition der Primär- und Sekundärprävention und bilden – notwendiger-weise – auch eine Brücke zur Intervention und daran anschließender Terti-ärprävention. Die von diesen Gedanken getragene und 2009 beschlossene Definition der Frühen Hilfen des Nationalen Zentrums Frühe Hilfen (NZFH) in der Bundeszentrale für gesundheitliche Aufklärung (BZgA) lau-tet:

„Frühe Hilfen bilden lokale und regionale Unterstützungssysteme mit koordinierten Hilfsangeboten für Eltern und Kinder ab Beginn der Schwangerschaft und in den ersten Lebensjahren mit einem Schwer-punkt auf der Altersgruppe der 0- bis 3-Jährigen. Sie zielen darauf ab, Entwicklungsmöglichkeiten von Kindern und Eltern in Familie und Gesellschaft frühzeitig und nachhaltig zu verbessern. Neben alltags-praktischer Unterstützung wollen Frühe Hilfen insbesondere einen Beitrag zur Förderung der Beziehungs- und Erziehungskompetenz von (werdenden) Müttern und Vätern leisten. Damit tragen sie maß-geblich zum gesunden Aufwachsen von Kindern bei und sichern deren Rechte auf Schutz, Förderung und Teilhabe.

Frühe Hilfen umfassen vielfältige sowohl allgemeine als auch spezi-fische, aufeinander bezogene und einander ergänzende Angebote und Maßnahmen. Grundlegend sind Angebote, die sich an alle (werden-den) Eltern mit ihren Kindern im Sinne der Gesundheitsförderung richten (universelle/primäre Prävention). Darüber hinaus wenden

---

59   Buschhorn 2012, Seite 16 sowie Schone 2010, Seite 4.

60   Buschhorn 2012, Seite 16 sowie Schone 2010, Seite 4. Dazu 2010 noch fra-gend: Sann / Landua, Seite 47.

sich Frühe Hilfen insbesondere an Familien in Problemlagen (selektive/sekundäre Prävention). Frühe Hilfen tragen in der Arbeit mit den Familien dazu bei, dass Risiken für das Wohl und die Entwicklung des Kindes frühzeitig wahrgenommen und reduziert werden. Wenn die Hilfen nicht ausreichen, eine Gefährdung des Kindeswohls abzuwenden, sorgen Frühe Hilfen dafür, dass weitere Maßnahmen zum Schutz des Kindes ergriffen werden.

Frühe Hilfen basieren vor allem auf multiprofessioneller Kooperation, beziehen aber auch bürgerschaftliches Engagement und die Stärkung sozialer Netzwerke von Familien mit ein. Zentral für die praktische Umsetzung Früher Hilfen ist deshalb eine enge Vernetzung und Kooperation von Institutionen und Angeboten aus den Bereichen der Schwangerschaftsberatung, des Gesundheitswesens, der interdisziplinären Frühförderung, der Kinder- und Jugendhilfe und weiterer sozialer Dienste. Frühe Hilfen haben dabei sowohl das Ziel, die flächendeckende Versorgung von Familien mit bedarfsgerechten Unterstützungsangeboten voranzutreiben, als auch die Qualität der Versorgung zu verbessern."[61]

Die Begriffsbestimmung wurde auf der 4. Sitzung des Wissenschaftlichen Beirats des NZFH am 26.06.2009 in Berlin verabschiedet und spiegelt den derzeitigen Stand der Diskussion über Frühe Hilfen wider. Das Verständnis der wesentlichen Handlungsschwerpunkte der Frühen Hilfen wurde in einer Praxisbefragung von 965 Jugend- und Gesundheitsämtern weitgehend bestätigt.[62]

BUSCHHORN sieht innerhalb dieser Definition eine Widersprüchlichkeit[63] und verweist auch auf Hentschke et al., die eine *„gewisse Diffusität"*[64]

---

61 Nationales Zentrum Frühe Hilfen 2010, Seite 14ff.

62 Sann / Landua 2010, Seite 49.

63 Buschhorn 2012, Seite 19.

feststellen. Einerseits würden alle (werdenden) Eltern als Zielgruppe definiert, andererseits erfolge eine Eingrenzung auf Familien in Problemlagen. Inwiefern diese – aus Sicht des Verfassers notwendige – Befassung mit beiden Zielgruppen und mithin sowohl mit Primär- als auch Sekundärprävention widersprüchlich sei, wird von BUSCHHORN jedoch nicht vertieft. Daher sei an dieser Stelle nur darauf hingewiesen, dass das Angebot von Leistungen der Frühen Hilfen grundsätzlich an alle (werdenden) Eltern zu richten ist, um die erforderliche gesellschaftliche und individuelle Akzeptanz von Frühen Hilfen herzustellen und langfristig zu sichern. Die Teilnahme an Angeboten zur Unterstützung ist im Rahmen der Frühen Hilfen grundsätzlich freiwillig. [65] Eine ausschließliche Betrachtung der Sekundärprävention – folglich der mit sozialen oder anderen Risikofaktoren belasteten Eltern – würde daher stets Gefahr laufen, eine gesellschaftliche Stigmatisierung der betroffenen Familien zu begründen oder wenigstens zu begünstigen und dadurch die Frühen Hilfen in ihrer Wirkung zu gefährden. Dem kann schon durch ein schwellen- und bedingungsloses Angebot an alle Familien entgegengewirkt werden.

Gleichzeitig erfüllen Maßnahmen der Primärprävention wichtige Funktionen der Gesundheitsförderung und können zur Stärkung der Elternkompetenz beitragen, wodurch letztlich nicht ausschließlich Kindeswohlgefährdung im engeren Sinne verhindert, sondern das gesunde Aufwachsen von Kindern und die stabile gesundheitliche und soziale Entwicklung der gesamten Familie gefördert wird. Um diesen Punkt zu verdeutlichen: Bei Frühen Hilfen und Präventionsstrategien geht es nicht ausschließlich um das Vermeiden von Kindeswohlgefährdungen.[66] Ein ganz wesentliches Anliegen ist die Förderung der gesundheitlichen Entwicklung aller Kinder.[67]

---

64   Hentschke et al. 2011, Seite 59, zitiert nach Buschhorn 2012, Seite 19.

65   Siehe auch Sann / Schäfer 2008, Seite 110.

66   In die gleiche Richtung argumentieren Kindler und Sann 2010, Seite 164.

67   So letztlich auch Sann / Schäfer 2008, Seite 109f.

KINDLER und SANN argumentieren in der Frage der Zielgruppenaus-
wahl weitaus differenzierter, wenn sie zunächst feststellen, dass *„tragfähige
bestätigende Befunde [bezüglich der Wirksamkeit Früher Hilfen; Anm. d. Verfas-
sers] aus der Bundesrepublik bislang nicht vorliegen"*[68], empirische Evidenz aus
ihrer Sicht jedoch zu folgenden Punkten zu erkennen ist: Mehrfach belastete
Familien würden sich durch selektive Präventionsprogramme nicht generell
stigmatisiert fühlen, soweit sie wertschätzend angesprochen werden, die
Angebotsziele positiv formuliert sind und das Angebot der von der Familie
selbst wahrgenommenen Bedarfslage zumindest teilweise entspricht.[69]

Außerdem bestünde bei mehrfach belasteten Familien langfristiger Un-
terstützungsbedarf und gleichzeitig ein erhöhter Aufwand aufgrund häufi-
gerer Lebensumbrüche.[70] KINDLER und SANN schließen daraus, dass universelle Programme, die sich ohne weitere Differenzierung an alle (werdenden) Eltern richten, nicht ohne weiteres eine Ausgrenzung von belasteten
Familien ausschließen können[71]. Diese Auffassung kann mit Blick auf ein
konkretes Angebot oder eine spezielle Maßnahme uneingeschränkt geteilt
werden, sofern verschiedenste Lebensverläufe, soziale Hintergründe und
Bedürfnisse ohne darauf ausgerichtete Konzepte aufeinanderprallen.

Die Argumentation verfängt jedoch nicht bei der Betrachtung einer not-
wendigerweise an den Bedürfnissen der verschiedenen Zielgruppen ausge-
richteten und somit sehr differenzierten Präventionsstrategie, die in jedem
Fall aus verschiedenen Angeboten entlang der Lebensphasen und Zielgruppen bestehen muss.[72] Die vorliegende Definition der Frühen Hilfen des
NZFH beschreibt letztlich ein solches strategisches Vorgehen sowie eine

---

68   Kindler / Sann 2010, Seite 161.

69   Kindler / Sann 2010, Seite 163 mit weiteren Quellenangaben.

70   Kindler / Sann 2010, Seite 164 mit weiteren Quellenangaben.

71   Kindler / Sann 2010, Seite 164.

72   So auch Sann / Landua 2010, Seite 47 sowie 51.

Verknüpfung verschiedener Maßnahmen und verbleibt nicht bei der Charakterisierung einer Einzelmaßnahme.

Zusammenfassend ist vor diesem Hintergrund ein wesentlicher Widerspruch innerhalb der vorliegenden Definition der Frühen Hilfen zu verneinen. Letztlich kommen KINDLER und SANN zu dem gleichen Schluss, wenn sie feststellen, dass „[…] *eine Frontstellung zwischen selektiven und universellen Präventionsprogrammen doch vermieden werden [sollte], da sich zum einen bei weitem nicht alle Fälle früher Vernachlässigung oder Misshandlung in risikobelasteten Familien ereignen und zum anderen der generelle Beratungs- und Orientierungsbedarf bei jungen Eltern in Deutschland in den letzten Jahren kontinuierlich gewachsen zu sein scheint, so dass auch hier Angebote nötig sind"*[73].

Eine Legaldefinition der Frühen Hilfen findet sich in § 1 Absatz 4 Satz 2 des Gesetzes zur Kooperation und Information im Kinderschutz[74]. Kern der Frühen Hilfen ist demnach „[…] *die Vorhaltung eines möglichst frühzeitigen, koordinierten und multiprofessionellen Angebots im Hinblick auf die Entwicklung von Kindern vor allem in den ersten Lebensjahren für Mütter und Väter sowie schwangere Frauen und werdende Väter"*[75]. Sie entspricht in ihrer Kürze dem Anliegen der umfangreicheren Definition des NZFH weitgehend, trifft jedoch keine Unterscheidung zwischen Primär- und Sekundärprävention.

Diese bundesgesetzliche Legaldefinition geht bestehenden landesrechtlichen Definitionen gemäß Artikel 31 GG vor, sodass insbesondere die Definition, nicht aber die weiteren Inhalte des Berliner Gesetzes zur Ausführung des Kinder- und Jugendhilfegesetzes[76] ihre Geltung verliert.[77]

---

73 Kindler / Sann 2010, Seite 165.

74 Gesetz zur Kooperation und Information im Kinderschutz vom 22. Dezember 2011 (BGBl. I S. 2975) (KKG).

75 § 1 Absatz 4 Satz 2 KKG.

76 Gesetz zur Ausführung des Kinder- und Jugendhilfegesetzes vom 9. Mai 1995 (GVBl. S. 300) in der Fassung der Bekanntmachung der Neufassung

Auf die im Gesetz zur Kooperation und Information im Kinderschutz beschriebenen Ziele und den daraus vom Bundesgesetzgeber abgeleiteten Maßnahmen wird in Kapitel IV ausführlicher eingegangen werden.

---

vom 27. April 2001 (GVBl. S. 134) zuletzt geändert durch Artikel XII des Gesetzes vom 15.12.2010 (GVBl. S. 560) (AG KJHG).

77 Vgl. Meysen / Eschelbach 2012, Seite 53f.

III Gesellschaftliche Relevanz und rechtliche Rahmenbedingungen

In diesem Kapitel wird dargestellt, aus welchen Gründen Prävention und Frühe Hilfen gesamtgesellschaftlich sinnvoll sein können. Neben dem individuellen Schutzanspruch jedes Kindes spielen dafür insbesondere die finanziellen und volkswirtschaftlichen Folgen fehlender Unterstützung in den ersten Lebensjahren eine Rolle. Anschließend werden die wesentlichen gesetzlichen Grundlagen für die Frühen Hilfen dargestellt und in ihrer Relevanz für die Umsetzung der Bundesinitiative Netzwerke Frühe Hilfen und Familienhebammen beurteilt.

1. Gesellschaftliche Folgekosten

Im Jahr 2012 wurden von den Trägern der öffentlichen Kinder- und Jugendhilfe in Deutschland insgesamt 32,2 Milliarden Euro ausgegeben.[78] Davon entfielen über 2 Milliarden Euro[79] auf Jugend- und Jugendsozialarbeit (Zweites Kapitel, Erster Abschnitt SGB VIII, §§ 11ff.), 20,3 Milliarden Euro[80] auf Kindertagesbetreuung (Zweites Kapitel, Dritter Abschnitt SGB VIII, §§ 22ff.) und insgesamt 8,2 Milliarden Euro[81] auf Hilfen zur Erziehung, Eingliederungshilfe für seelisch behinderte Kinder und Jugendliche, Hilfe für junge Volljährige und vorläufige Schutzmaßnahmen (Zweites Kapitel, Vierter Abschnitt und Drittes Kapitel, Erster Abschnitt SGB VIII, §§ 27ff.). Diese von Bund, Ländern und Kommunen gemeinsam geleisteten Ausgaben entsprechen mehr als 10% des Bundeshaushaltes 2012 und liegen noch über den Ausgaben des Bundesministeriums der Verteidigung im gleichen Zeitraum, welches das drittgrößte Ausgabevolumen im Bundeshaushalt hatte.

---

78 Statistisches Bundesamt, Seite 7.

79 Statistisches Bundesamt, Seite 7.

80 Statistisches Bundesamt, Seite 7.

81 Statistisches Bundesamt, Seite 7.

Die Ausgaben für Kinder- und Jugendhilfe von Bund, Ländern und Gemeinden haben sich demnach zwischen 2001 (19.210.662.000 Euro)[82] und 2012 um 59,60% erhöht. Gleichzeitig haben präventive Angebote wie die „Allgemeine Förderung der Erziehung in der Familie" (Zweites Kapitel, Zweiter Abschnitt SGB VIII, § 16) mit 0,5% nur einen minimalen Anteil an den Ausgaben der Kinder- und Jugendhilfe.[83]

In Berlin wurden im Jahr 2012 knapp 421,5 Millionen Euro für Hilfen zur Erziehung ausgegeben, während 2013 schon etwas mehr als 441 Millionen Euro verwendet wurden. Der Berliner Bezirk Neukölln wendete 2012 etwas mehr als 48 Millionen Euro und 2013 knapp 47 Millionen Euro für Hilfen zur Erziehung auf. Der leichte Rückgang im Jahr 2013 ist dabei nicht als Trendwende zu verstehen, sondern könnte als Effekt eines neu eingerichteten Controllings zu erklären sein. 2014 erfolgte wiederrum ein Anstieg auf 49,3 Millionen Euro, wobei für 2015 mit einer ungefähr gleichbleibenden Summe gerechnet wird. Die Ausgaben für Hilfen zur Erziehung machen demnach 26 % der gesamten Ausgaben des Jugendamtes Neukölln aus.

Schon angesichts dieser Zahlen sind Maßnahmen zur – langfristigen und nachhaltigen – Kostensenkung im Bereich der Kinder- und Jugendhilfe von hoher Bedeutung, insbesondere für die Kommunen, die die Hauptlast dieser Ausgaben tragen. Als größte Einzelposition – neben den Ausgaben für Kindertagesbetreuung – sind für den Kontext dieser Arbeit die Hilfen zur Erziehung[84], also die Ausgaben für Intervention, von besonderer Bedeutung. Die gesellschaftlichen Folgekosten von Fehlentwicklungen in den ersten Lebensjahren gehen aber noch über die direkt messbaren Ausgaben für Hilfen zur Erziehung hinaus. Neben Behandlungs-, Therapie- und Rehabilitationsausgaben infolge einer Misshandlung oder Vernachlässigung, die lebenslangen Behandlungsbedarf nach sich ziehen können, sind insbesondere

---

82 Statistisches Bundesamt, Seite 36f.

83 Maier-Gräwe / Wagenknecht 2011, Seite 21.

84 §§ 27ff. SGB VIII.

Ausgaben aufgrund gesundheitlicher Fehlentwicklungen und Bildungsdefiziten in den ersten Lebensjahren[85] geeignet, über das gesamte Leben hinweg Kosten für die Volkswirtschaft zu verursachen. Dies können beispielsweise Kosten infolge von Delinquenz und Wertschöpfungsverluste durch geringe Qualifikation sein.[86]

Frühe Hilfen sollen – zusätzlich zu dem Ziel, den individuellen präventiven Schutzanspruch des Kindes zu gewährleisten – zur Stärkung von Elternkompetenzen und der Förderung des gesunden Aufwachsens von Kindern beitragen und damit helfen, diese Folgekosten zu reduzieren.

Dazu bedürfen die Frühen Hilfen – wie jede Maßnahme, die finanzielle Ressourcen in Anspruch nimmt – einer Legitimation, die den Mitteleinsatz durch Effektivitäts- und Effizienzbelege nachweislich begründet[87]:

> *„Frühe Hilfen beziehen ihre Legitimation aus der Plausibilität des Präventionsgedankens: Vorbeugen ist besser als Heilen. Bei Kindler und Sann heißt es: ‚Frühe Hilfen versuchen […] das Entstehen von Kindeswohlgefährdung im engeren Sinne dadurch zu verhindern, dass sie bei Gefährdungslagen im weiteren Sinne möglichst früh wirksame Hilfen anbieten.“*[88]

Die umfangreiche Expertise „Kosten und Nutzen Früher Hilfen" im Auftrag des Nationalen Zentrums Frühe Hilfen fasst die möglichen Kosten in Form von Modellrechnungen zusammen und stellt verschiedene modellhaf-

---

85   Vgl. Maier-Gräwe / Wagenknecht 2011, Seite 15.

86   Vgl. Maier-Gräwe / Wagenknecht 2011, Seite 15.

87   Vgl. Maier-Gräwe / Wagenknecht 2011, Seite 14.

88   Maier-Gräwe / Wagenknecht 2011, Seite 14 mit Verweis auf Kindler / Sann 2007, Seite 43.

te Lebensläufe mit unterschiedlichem Unterstützungsniveau im Rahmen von Frühen Hilfen gegenüber. Mit dieser Expertise legen die Autorinnen nach Ansicht des NZFH „[…] *die erste deutsche Kosten-Nutzen-Analyse zu Frühen Hilfen vor und zeigen eindrücklich, wie positiv die Rendite bei einer frühen Investition in Kinder gegenüber den Folgekosten im Lebenslauf bei fehlender früher Unterstützung ausfallen kann*"[89].

Für den Bildungsbereich wurde bereits 2007 eine Studie zur ökonomischen Wirksamkeit früher Unterstützung veröffentlicht, die zeigt, dass Investitionen in kind- und familienunterstützende Programme die größte Rendite erbringen, wenn diese dem Schulbesuch deutlich vorgelagert sind[90]. In der folgenden Abbildung 1 wird die mit zunehmenden Lebensalter beziehungsweise späteren Unterstützungsbeginn abnehmende Rendite durch Investitionen in die Bildung schematisch dargestellt.

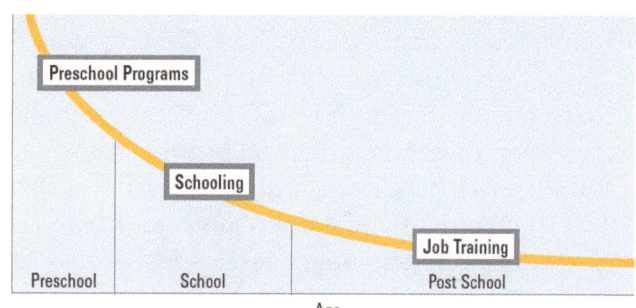

Abbildung 1: Rate of Return to Investment in Human Capital

Cunha / Heckman 2007, zitiert nach Maier-Gräwe / Wagenknecht 2011, Seite 16.

---

89 Maier-Gräwe / Wagenknecht 2011, Seite 7.

90 Vgl. Cunha / Heckman 2007, zitiert nach Maier-Gräwe / Wagenknecht 2011, Seite 16.

Soweit sich diese Erkenntnisse auch auf das deutsche System der Kinder- und Jugendhilfe übertragen lassen, ist festzustellen, dass die große Masse der eingesetzten Mittel erst zu einem späteren Zeitpunkt in die Unterstützung von Familien investiert wird. Die Mittel werden – in Form von Interventionsmaßnahmen – ab einem Alter von sechs Jahren stark ansteigend mit einem Schwerpunkt bei den Neun- bis Achtzehnjährigen eingesetzt.[91] Weitere internationale Studien zur Wirtschaftlichkeit von Präventionsmaßnahmen stellen zwar erheblich geringere Kosten für Prävention als für Folgen von Misshandlung und Vernachlässigung fest[92], können aber aufgrund des fehlenden Nachweises des Ausmaßes der langfristigen Effekte letztlich keine Aussage zur Kostenersparnis erbringen. Diese Problematik betrifft grundsätzlich auch die Frühen Hilfen in Deutschland.

Kernanliegen der vorliegenden Expertise des NZFH ist es, modellhaft zu zeigen, „[...] *wie vergleichsweise minimal die Kosten der Prävention gegenüber den Folgekosten einer Kindeswohlgefährdung sind*"[93]. Dazu wurden vier verschiedene Szenarien zur Abschätzung von Folgekosten gebildet und die jeweiligen Kosten für zwei pessimistische und zwei moderate Szenarien berechnet.[94] Basierend auf Forschungsarbeiten und Expertengesprächen zeichnen diese Szenarien fallbezogen die Folgen von Kindesmisshandlung und -vernachlässigung im Lebenslauf nach und sollen so verdeutlichen, welche kumulativen Kosten kurz- und langfristig entstehen.[95] Dabei werden – wie oben bereits angedeutet – insbesondere in den Bereichen der tertiärpräventiven und interventiven Jugendhilfe, für kurative Angebote (Behandlung von Folgeerkrankungen wie zum Beispiel psychischer Störungen) sowie durch Delinquenz und Wertschöpfungsverluste im Erwerbssystem (Ar-

---

91 Maier-Gräwe / Wagenknecht 2011, Seite 21ff. mit ausführlichen Grafiken und Zahlenreihen.

92 Maier-Gräwe / Wagenknecht 2011, Seite 26.

93 Maier-Gräwe / Wagenknecht 2011, Seite 9.

94 Maier-Gräwe / Wagenknecht 2011, Seite 9.

95 Maier-Gräwe / Wagenknecht 2011, Seite 9.

beitslosigkeit, geringe Qualifikation) Kosten erwartet[96]. Die Vermeidung dieser Folgekosten wird mithin als gesamtgesellschaftlicher Nutzen definiert.[97]

In der Gegenüberstellung der Kosten für Prävention und gesellschaftlicher Folgekosten aufgrund von Kindesmisshandlung und/oder Kindesvernachlässigung wurde zudem berücksichtigt, dass auch anschließend an die im Rahmen von Frühen Hilfen geleistete Unterstützung in den ersten drei Lebensjahren weitere Unterstützung erforderlich sein kann[98]. Die Studie nimmt insofern an, dass die geleistete Unterstützung grundsätzlich wirken kann, trifft jedoch mangels belastbarer Untersuchungen ausdrücklich keine Aussage zur tatsächlichen Wirkung. Sie verweist vielmehr auf die Erforderlichkeit langfristig angelegter Forschung[99] und beschränkt sich darauf, die Dimensionen und das finanzielle Gewicht der potentiellen Auswirkungen einer frühzeitigen Prävention darzustellen.

Das für die wissenschaftliche Diskussion und die praktische Argumentation bezüglich der Wirksamkeit Früher Hilfen letztlich wesentliche „Szenario Frühe Hilfen" geht von einem Einsetzen frühzeitiger Unterstützungsleistungen in der Lebensphase von null bis drei Jahren aus. Auf Grundlage einer Erhebung der Kosten für das Projekt „Guter Start ins Kinderleben" wurde für dieses Szenario Kosten in Höhe von 34.105 Euro für ein Kind angesetzt[100] (Abbildung 2).

---

96 Maier-Gräwe / Wagenknecht 2011, Seite 9, sowie ausführlichere Aufschlüsselung auf die Ebenen Gesundheitssystem, Kinder- und Jugendhilfe, Bildung und Erwerbsbeteiligung und Justiz auf Seite 34.

97 Maier-Gräwe / Wagenknecht 2011, Seite 32.

98 Maier-Gräwe / Wagenknecht 2011, Seite 9.

99 Maier-Gräwe / Wagenknecht 2011, Seite 37f.

100 Maier-Gräwe / Wagenknecht 2011, Seiten 37 und 70.

Alter	Maßnahmen	Kosten in Euro
0 bis 3	Frühe Hilfen (siehe Kapitel 8: Auswertung der Kosten Früher Hilfen)	7.274
	Besuch einer Krippe vom ersten bis zum dritten Lebensjahr[21]	26.201
3 bis 6	Beratung durch eine Erziehungsberatungsstelle (insg. 15 Std.) Besuch des Kindergartens[22]	630
6 bis 12	Besuch einer Grund- bzw. Realschule, keine besondere Förderung notwendig	0
13 bis 16	Besuch einer Realschule, keine besondere Förderung notwendig	0
17 bis 21	Erwerbstätigkeit als Fachangestellte/r	0[23]
22 bis 30	Erwerbstätigkeit als Fachangestellte/r	0
31 bis 50	Erwerbstätigkeit als Fachangestellte/r	0
51 bis 67	Erwerbstätigkeit als Fachangestellte/r	0
Summe		Summe: 34.105

Abbildung 2: Szenario Frühe Hilfen

Maier-Gräwe / Wagenknecht 2011, Seite 70.

Nach der Vollendung des dritten Lebensjahres fallen in diesem Szenario kaum noch zu berücksichtigende Kosten an.[101] Es wird insofern davon ausgegangen, dass alle potentiellen Entwicklungsstörungen durch Frühe Hilfen frühzeitig beseitigt werden konnten und im späteren Lebensverlauf keine negativen Effekte durch fehlende Unterstützung im Kindesalter auftreten.

Diesem Szenario werden zwei moderate Szenarien mit einem Unterstützungsbeginn im Kitaalter gegenübergestellt, die auf Grundlage von Expertengesprächen und weiteren Studien[102] von erheblichen Kosten im Lebens-

---

101 Maier-Gräwe / Wagenknecht 2011, Seite 70.

102 Maier-Gräwe / Wagenknecht 2011, Seite 59.

verlauf und insbesondere von Wertschöpfungsverlusten[103] ausgehen (Abbildung 3 und 4).

MODERATES SZENARIO KITA ❶

Alter	Maßnahmen	Kosten in Euro
0 bis 3	Keine Unterstützung, Hilfen	0
	Logopädische Behandlung, 50 Stunden Sprachtherapie	1.700
3 bis 6	Erziehungsberatung (10 Stunden), 2 Jahre SPFH	40.740
	keine Vernetzung mit weiteren Angeboten	
6 bis 12	SPFH 40 Std. pro Monat für 2 Jahre	40.320
13 bis 16	Sozialer Trainingskurs	1.000
	1 Jahr Berufsvorbereitung (BvB)	6.146
17 bis 21	1 Jahr Ausbildungsförderung	10.050
	Wertschöpfungsverlust durch geringe berufliche Qualifikation	34.112
22 bis 30	Wertschöpfungsverlust durch geringe berufliche Qualifikation	38.950
31 bis 50	Wertschöpfungsverlust durch geringe berufliche Qualifikation + 2 Jahre Arbeitslosigkeit	131.985
51 bis 67	Wertschöpfungsverlust durch geringe berufliche Qualifikation + 2 Jahre Arbeitslosigkeit	119.002
		Summe: 424.895

Abbildung 3: Moderates Szenario Kita 1

Maier-Gräwe / Wagenknecht 2011, Seite 72.

---

103 Ausführliche Berechnungen zur Höhe der Wertschöpfungsverluste bei Maier-Gräwe / Wagenknecht 2011, Seiten 58 bis 68.

Alter	Maßnahmen	Kosten in Euro
0 bis 3	Keine Unterstützung, Hilfen	0
3 bis 6	Kontinuierliche Spielpädagogische Einzelförderung zu Hause mit Elternberatung für 1,5 Jahre	3.160
	SPFH 40 Std. pro Monat für 2 Jahre	40.320
6 bis 12	SPFH 40 Std. pro Monat für 1 Jahr	20.160
13 bis 16	SPFH 40 Std. pro Monat für 1 Jahr	20.160
	1 Jahr Berufsvorbereitung (BvB)	6.146
17 bis 21	1 Jahr Ausbildungsförderung	10.050
	Wertschöpfungsverlust durch geringe berufliche Qualifikation	34.112
	Psychotherapeutische Behandlung für 2,5 Jahre	8.114
22 bis 30	Wertschöpfungsverlust durch geringe berufliche Qualifikation	38.950
31 bis 50	Wertschöpfungsverlust durch geringe berufliche Qualifikation, 2 Jahre Arbeitslosigkeit	131.985
	Psychotherapeutische Behandlung für 3 Jahre	9.737
51 bis 67	Wertschöpfungsverlust durch geringe berufliche Qualifikation, 2 Jahre Arbeitslosigkeit	119.002
		Summe: 441.895

Abbildung 4: Moderates Szenario Kita 2

Maier-Gräwe / Wagenknecht 2011, Seite 73.

Im Ergebnis kommt die Untersuchung zu gesellschaftlichen Folgekosten zwischen 424.895 Euro[104] und 441.895 Euro[105] bei den beiden moderaten Szenarien. Darüber hinaus gehende pessimistische Szenarien[106], in denen

---

104 Vgl. Maier-Gräwe / Wagenknecht 2011, Seite 72.

105 Vgl. Maier-Gräwe / Wagenknecht 2011, Seite 73.

106 Vgl. Maier-Gräwe / Wagenknecht 2011, Seite 74f.

der Unterstützungsbeginn erst im Schulalter liegt, ergeben Kosten zwischen 1,075 Millionen Euro und 1,243 Millionen Euro.

Anhand dieser Daten ergibt sich eine Kostenrelation zwischen Frühen Hilfen und dem Unterstützungsbeginn im Kitaalter von 1:13 sowie zwischen Frühen Hilfen und dem Unterstützungsbeginn im Schulalter von 1:34 (Abbildung 5).[107] Das bedeutet, dass unter Annahme der vorliegenden Szenarien mit jedem für Frühe Hilfen eingesetzten Euro 13 beziehungsweise 34 Euro an Folgekosten eingespart werden können.

KOSTEN IM LEBENSLAUF NACH DEM ZEITPUNKT DES HILFEBEGINNS

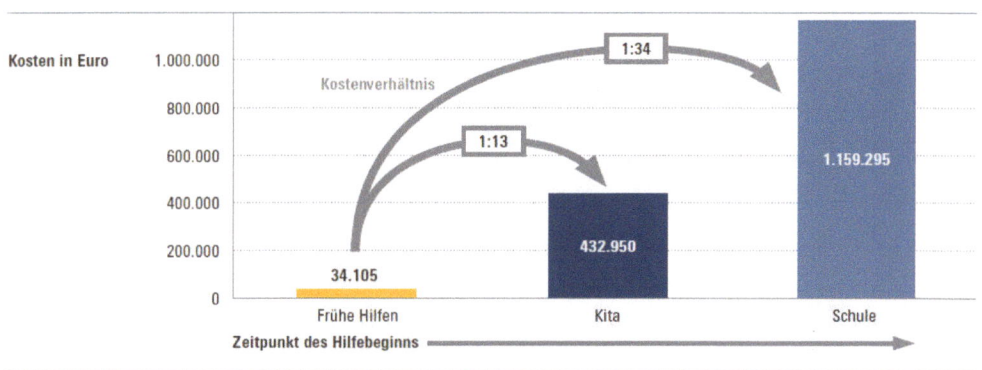

Abbildung 5: Kosten im Lebenslauf nach dem Zeitpunkt des Hilfebeginns
Maier-Gräwe / Wagenknecht 2011, Seite 77.

Die Expertise kommt zu dem Ergebnis, dass

„[in] der Zusammenschau der Ergebnisse [...] deutlich [wird], dass die Folgekosten von Kindeswohlgefährdung um ein Vielfaches

---

107 Maier-Gräwe / Wagenknecht 2011, Seite 77.

über den Kosten der Prävention liegen und insbesondere in der lang-
fristigen Perspektive hohe Kosteneinsparungen erwartet werden, die
durch geringere Ausgaben, z. B. im Gesundheitsbereich und in der
Jugendhilfe sowie höhere Einnahmen durch Steuer- und Sozialversi-
cherungsbeiträge begründet sind."[108]

Trotz der Einschränkung, die aus der derzeitigen Datenlage resultiere, könne festgestellt werden, dass bereits heute auf der Grundlage der vorhandenen Daten von einem eindeutig positiven Kosten-Nutzen-Verhältnis Früher Hilfen ausgegangen werden kann. Frühe Hilfen müssten deshalb als eine sinnvoll angelegte Zukunftsinvestition für die betroffenen Kinder wie für die Gesellschaft insgesamt begriffen werden.[109] Dieser Einschätzung kann – auch unter erneutem Verweis auf die lückenhafte Datenlage und auch, ohne die vorliegenden Zahlen im Einzelnen als abschließend gesichert anzuerkennen – im Ergebnis für diese Arbeit gefolgt werden.

2. Politische Entwicklung und allgemeine Datenlage

Für die öffentlich wahrgenommene politische und gesellschaftliche Debatte spielen die Kosten der Kinder- und Jugendhilfe in der Regel keine maßgebliche Rolle. Vielmehr wird die öffentliche Diskussion auf der Grundlage von Einzelfällen der Vernachlässigung, Misshandlung oder Tötung von Kindern geführt. So führte auch der Tod des Mädchens Lea-Sophie im Herbst 2007 zur Einberufung des auf höchster politischer Ebene organisierten 1. Kinderschutzgipfels.[110] Diese von der Bundeskanzlerin einberufene und unter Beteiligung der Ministerpräsidenten der Länder durchgeführte Konferenz bildete den Auftakt zu einer breit angelegten politischen Debatte, die letztlich in dem Versuch mündete, ein Bundeskinderschutzgesetz zu entwickeln. Dieser erste Entwurf, der als Hauptinstrument noch den ver-

---

108 Maier-Gräwe / Wagenknecht 2011, Seite 78.

109 Maier-Gräwe / Wagenknecht 2011, Seite 79.

110 Meysen / Eschelbach 2012, Seite 28f.

pflichtenden Hausbesuch vorsah, wurde in der Legislaturperiode nicht mehr verabschiedet und verfiel mit der Bundestagswahl 2009 der Diskontinuität.[111]

Während in dieser Zeit und bis zum heutigen Zeitpunkt in allen Bundesländern eigene Landesgesetze mit höchst unterschiedlichen Inhalten aber stets dem Ziel der Verbesserung des Kinderschutzes in Kraft traten,[112] wurde im Koalitionsvertrag der Regierungsparteien der 17. Legislaturperiode ein erneutes Gesetzgebungsverfahren zu einem Bundeskinderschutzgesetz angekündigt[113]. Nachdem der von der Bundesregierung vorgelegte und vom Bundestag beschlossene Gesetzentwurf am 25.11.2011 zunächst keine Mehrheit im Bundesrat fand, konnte der daraufhin angerufene Vermittlungsausschuss am 14.12.2011 eine Einigung vorlegen, die mit Zustimmung des Bundesrates am 16.12.2011 zu einer Verkündung des Bundeskinderschutzgesetzes am 22.12.2011 führte. Die konkreten Regelungen dieses Gesetzes werden in den anschließenden Kapiteln behandelt.

Über die in den Medien und der Politik beachteten Einzelfälle hinaus sprechen auch die vorliegenden Zahlen zur Anzahl der Hilfen zur Erziehung und der vorläufigen Schutzmaßnahmen für einen stärkeren Fokus auf präventive Maßnahmen. So begannen im Jahr 2008 insgesamt120 Hilfen zur Erziehung für Kinder im Alter von unter sechs Jahren pro 10.000 Einwohner der altersentsprechenden Bevölkerung, während 2005 nur 62,5 Hilfen zur Erziehung in dieser Vergleichsgruppe begonnen wurden.[114] Die vorläufigen Schutzmaßnahmen stiegen im gleichen Zeitraum von 7,3 auf 13,3 pro 10.000

---

111 Meysen / Eschelbach 2012, Seite 31.

112 Meysen / Eschelbach 2012, Seite 31ff. mit einer Auflistung aller Landesgesetze und Fundstellen sowie einer kurzen Zusammenfassung der Regelungsschwerpunkte.

113 Meysen / Eschelbach 2012, Seite 35.

114 Buschhorn 2012, Seite 45.

Einwohner der altersentsprechenden Bevölkerung.[115] Ähnlich alarmierende Befunde fassen TSOKOS und GUDDAT zusammen. Demnach gaben 22,3% der in der Bayer-Gewaltstudie 2013 befragten Kinder und Jugendlichen an, von Erwachsenen oft oder manchmal geschlagen zu werden, während Kinder in prekärer Lage sogar noch häufiger und in höherer Intensität als Kinder mit anderem sozioökonomischen Hintergrund geschlagen werden.[116] Laut einer gemeinsamen Untersuchung des Bundesministeriums für Familie, Senioren, Frauen und Jugend und des Bundesministeriums der Justiz aus dem Jahr 2003 kommen nur in 28% der Familien körperliche Strafen nicht oder so gut wie nie vor.[117]

In Berlin wurden in der Polizeilichen Kriminalitätsstatistik für das Jahr 2013 520 Fälle der Misshandlung von schutzbefohlenen Kindern erfasst.[118] Dies ist ein Anstieg um 4,2% oder 21 Fälle zum Vorjahr.[119] Die Aufklärungsquote liegt mit 96,0%[120] ungewöhnlich hoch. Sie trifft jedoch keine Aussage über eine tatsächlich gerichtlich festgestellte Täterschaft oder Verurteilung, sondern weist lediglich diese Fälle aus, in denen mindestens ein Tatverdächtiger mit rechtmäßigen Personalien[121] bekannt ist.

Wie bereits beschrieben ist das Vermeiden beziehungsweise das Verringern des Auftretens von Kindeswohlgefährdung im engeren Sinne zwar ein wichtiger, nicht aber der einzige Grund, in Prävention und Frühe Hilfen zu investieren. Auch die allgemeine gesundheitliche Entwicklung und ein ge-

---

115 Buschhorn 2012, Seite 45.

116 Tsokos / Guddat 2014, Seite 24, sowie Ziegler 2013, Seite 2.

117 Tsokos / Guddat 2014, Seite 25 sowie Bundesministerium für Familie, Senioren, Frauen und Jugend / Bundesministerium der Justiz 2003, Seite 7.

118 Der Polizeipräsident in Berlin, Seite 38.

119 Der Polizeipräsident in Berlin, Seite 38.

120 Der Polizeipräsident in Berlin, Seite 38.

121 Der Polizeipräsident in Berlin, Seite 6.

sundes Aufwachsen für alle Kinder können durch Präventionsmaßnahmen der Frühen Hilfen gefördert werden.

Zwar sind der allgemeine Gesundheitszustand sowie die Lebenserwartung von Kindern in Deutschland grundsätzlich erfreulich hoch, jedoch trifft dies nicht auf alle Kinder zu[122]:

> *„Jedes 5. Kind (ca. 140.000 Kinder pro Jahr) wächst ‚(…) mit erheblichen, vor allem psychosozialen Belastungen und gravierenden Defiziten an materiellen und sozialen Ressourcen auf.' […] Diese psychosozialen und materiellen Defizite wirken sich ganz wesentlich auf den Gesundheitszustand und schlussendlich auch auf die Lebenserwartung aus."*[123]

HORNBRUCH und JANELLA sehen die Gründe für diese Defizite darin, dass Menschen mit niedrigem sozioökonomischem Status meist nicht nur in höherem Maße physischen und psychischen Belastungen ausgesetzt sind, sie verfügen demnach häufig auch nicht über angemessene Bewältigungsressourcen und -strategien[124]. Dieser Befund wird von WILLE und RAVENS-SIEBERER beispielhaft eindrucksvoll unterlegt, wenn sie darstellen, dass 14- bis 17-jährige Jugendliche mit hohem Sozialstatus nur zu 5,2% eine Adipositas aufweisen, während bei Kindern und Jugendlichen mit niedrigem Sozialstatus die Adipositasprävalenz bei 14% liegt[125].

Neben einer Verringerung der sozialen Ungleichheit, was im Kontext der Frühen Hilfen einer Beseitigung beziehungsweise Verringerung der Risikofaktoren oder der daraus entstehenden Belastungen entspricht, sehen

---

122 Hornbruch / Janella 2012, Seite 4f. sowie Sann / Schäfer 2008, Seite 106.

123 Hornbruch / Janella 2012, Seite 5.

124 Hornbruch / Janella 2012, Seite 7.

125 Wille / Ravens-Sieberer 2008, Seite 18 mit weiteren Quellenangaben sowie Seite 24f. zu Einflussfaktoren auf die psychische Gesundheit.

HORNBRUCH und JANELLA einen Ansatzpunkt in der Verbesserung des Gesundheitsverhaltens, der präventiven und kurativen gesundheitlichen Versorgung und/oder der Exposition gegenüber gesundheitsgefährdenden Umweltbedingungen[126]. Gleichzeitig stellen sie die Wichtigkeit des frühzeitigen Beginns von unterstützenden Maßnahmen fest. [127]

Die Wichtigkeit frühzeitiger Hilfe unterstreichen auch ZIEGENHAIN und FEGERT. So wird die zentrale Bedeutung früher und rechtzeitiger Hilfe durch das zunehmende Wissen um die besondere Verwundbarkeit von Säuglingen und Kleinkindern unterstrichen.[128] Frühe Kindheitserfahrungen beeinflussen die folgende körperliche und sozial-emotionale Entwicklung demnach manchmal irreversibel. Säuglinge und Kleinkinder, so fassen ZIEGENHAIN und FEGERT zusammen, sind in existenzieller Weise abhängig von der Fürsorge und dem Funktionieren erwachsener Bezugspersonen wie in keiner anderen Entwicklungsphase später. In gerade diesem Umstand sehen sie jedoch auch die Chance zur frühen Förderung elterlicher Erziehungs- und Beziehungskompetenzen[129].

WILLE und RAVENS-SIEBERER sehen ebenfalls, dass die überwiegende Mehrheit der jungen Menschen in Deutschland sowohl subjektiv als auch objektiv über eine gute Gesundheit verfügt[130]. Den Hauptgrund für diese historisch einzigartig positiven Befunde sehen sie vor allem in der Verbesserung des allgemeinen Lebensstandards und der sozialen Verhältnisse[131]. Gleichzeitig warnen sie jedoch davor, die Gesundheit von Kindern und Jugendlichen aus diesen Erkenntnissen heraus für ein weniger dringliches

---

126 Wille / Ravens-Sieberer 2008, Seite 9.

127 Wille / Ravens-Sieberer 2008, Seite 10.

128 Ziegenhain / Fegert 2009, Seite 12.

129 Ziegenhain / Fegert 2009, Seite 12.

130 Wille / Ravens-Sieberer 2008, Seite 11.

131 Wille / Ravens-Sieberer 2008, Seite 11.

Thema zu halten. Sie verweisen darauf, dass ungünstige gesundheitliche Einflüsse in der Kindheit sich unter Umständen lebenslang auf die gesundheitliche Situation und die alltägliche Funktionsfähigkeit auswirken können[132]. Unter dem Begriff der „neuen Morbidität"[133] subsumieren sie zudem eine Verschiebung des Krankheitsspektrums von akuten und lebensbedrohlichen Erkrankungen hin zu multikausal bedingten Gesundheitsstörungen mit chronischem Verlauf. Darüber hinaus ist auch die Zunahme psychischer Störungen ein Bestandteil der neuen Morbidität. WILLE und RAVENS-SIEBERER weisen unter anderem auf die Weltgesundheitsorganisation hin, die psychische Gesundheit von Kindern zur *„key area of concern"*[134] erklärt hat. Folglich stelle sich in der Kinder- und Jugendmedizin zunehmend nicht mehr die Frage, wie lange Kinder leben, sondern umso mehr, wie sie leben.[135]

Aber auch über sozial Benachteiligte hinaus stellen Frühe Hilfen eine Möglichkeit dar, gesundheitsfördernde Angebote und Informationen zu gesundheitsförderndem Verhalten allen Familien frühzeitig zur Verfügung zu stellen. Erneut sei an die Relevanz primärer (universeller) Prävention sowie an KINDLER und SANN erinnert, die einen gestiegenen Beratungsbedarf bei allen Eltern diagnostizieren und feststellen, dass sich bei weitem nicht alle Fälle früher Vernachlässigung oder Misshandlung in risikobelasteten Familien ereignen (siehe II 3.).

Für den Berliner Bezirk Neukölln ist trotz einer in Teilen positiven Veränderung im Entwicklungsstand der Kinder zwischen 5 und 6,5 Jahren in

---

132 Wille / Ravens-Sieberer 2008, Seite 12.

133 Wille / Ravens-Sieberer 2008, Seite 12f.

134 Wille / Ravens-Sieberer 2008, Seite 13f.

135 Wille / Ravens-Sieberer 2008, Seite 14f.

den letzten Jahren festzustellen, dass der Entwicklungsstand – zumal im landesweiten Vergleich – nicht zufriedenstellend ist[136]:

> „Jedes sechste Kind in Neukölln ist übergewichtig oder adipös, jedes fünfte hat schlechte, kariöse Zähne und wächst in einem Raucherhaushalt auf. Zwei Drittel von ihnen sind in ihrer Entwicklung auffällig. Sie können beispielsweise visuelle Wahrnehmung und Bewegung schlecht koordinieren oder sind in ihrem sprachlichen Ausdruck auffallend schlecht. Ein Viertel der Mädchen und Jungen haben bei Schuleintritt die fortlaufenden Untersuchungen zur Vorsorge nur unvollständig besucht."[137]

Im berlinweiten Vergleich liegt der Bezirk Neukölln damit bei allen erhobenen Kernindikatoren auf dem letzten Platz. Zwar kann der vorliegende Gesundheitsbericht aus dem Jahr 2013 aus methodischen Gründen keine verbindlichen Aussagen zu den Ursachen der beschriebenen Lage machen, ein Zusammenhang mit sozioökonomischen Faktoren wird jedoch auch hier nahegelegt[138] und ist im Vergleich der Gesundheitsdaten verschiedener sozialer Statusgruppen klar erkennbar. Neben der quantitativen und qualitativen Verbesserung des Betreuungsangebotes sowie einer Verbesserung der sozialen Lage der Familien wird auch ein explizites Handlungsfeld der Frühen Hilfen – eine Stärkung der Elternkompetenzen – als Maßnahme empfohlen[139]. Eine darüber hinausgehende Befassung mit den zum Zeitpunkt des Erscheinens bereits bekannten und teilweise umgesetzten Maßnahmen der kommunalen Präventionsstrategie (siehe V 5.) findet nicht statt.

---

136 Bezirksamt Neukölln von Berlin 2013, Seite 16.

137 Bezirksamt Neukölln von Berlin 2012, Seite 9.

138 Bezirksamt Neukölln von Berlin 2013, Seite 16ff.

139 Bezirksamt Neukölln von Berlin 2013, Seite 18.

An diesen grundsätzlichen Befunden hat sich auch in den Jahren 2014 und 2015 nichts Wesentliches geändert. Eine leichte positive Entwicklung zeichnet sich seit 2013 jedoch hinsichtlich Sprachdefiziten, Übergewicht, Zahnstatus sowie in geringerem Maße für Schwierigkeiten in der Visuomotorik ab.[140]

3. Rechtliche Rahmenbedingungen

Die gesamtgesellschaftliche Relevanz zeigt sich auch an den umfangreichen gesetzgeberischen Initiativen und Maßnahmen, die in den letzten Jahren auf Bundes- und Landesebene zu einer Korrektur und Verdichtung bestehender Regelungen sowie zum Entstehen neuer gesetzlicher Vorgaben geführt haben. Sie bilden zugleich den Rahmen, an dem sich Frühe Hilfen und kommunale Strategien zur Gesundheitsförderung und Verhinderung von Kindeswohlgefährdung zu orientieren haben.

Die für die Arbeit der Frühen Hilfen maßgeblichen Rechtsgrundlagen sind zum überwiegenden Teil Ergebnis neuerer Gesetzgebung, die sich auch aus einer Häufung von in der Öffentlichkeit stark wahrgenommenen Fällen von Kindesmisshandlung und -tötung entwickelt hat. Neben dem SGB VIII, das nur wenige Aussagen zu präventiver Unterstützung im Rahmen der Frühen Hilfen trifft, bilden das Berliner Kinderschutzgesetz[141] mit Regelungen zu Früherkennungsuntersuchungen sowie insbesondere das Bundeskinderschutzgesetz[142] mit dem Gesetz zur Kooperation und Information im Kinderschutz wesentliche Grundlagen der Frühen Hilfen in Berlin.

---

140 Bezirksamt Neukölln von Berlin 2016, Seite 23.

141 Berliner Gesetz zum Schutz und Wohl des Kindes vom 17. Dezember 2009 (GVBl. S. 875) mit dem Gesetz zur Förderung der Gesundheit von Kindern und des Kinderschutzes (KiSchuG).

142 Gesetz zur Stärkung eines aktiven Schutzes von Kindern und Jugendlichen vom 22. Dezember 2011 (BGBl. I S. 2975) (BKiSchG).

a) SGB VIII

Auf die für die Frühen Hilfen maßgeblichen Regelungen im SGB VIII soll nur kurz eingegangen werden, da die – auch für den Aufbau von Netzwerken – wesentlichen Regelungen in anderen Gesetzen zu finden sind. § 1 SGB VIII stellt zunächst fest, dass *„jeder junge Mensch [...] ein Recht auf Förderung seiner Entwicklung und auf Erziehung zu einer eigenverantwortlichen und gemeinschaftsfähigen Persönlichkeit* [hat]", um anschließend die aus dem Grundgesetz stammende Wertentscheidung des umfassenden Elternrechts (und der Elternpflicht) auf Pflege und Erziehung der Kinder sowie das staatliche Wächteramt zu zitieren.

Die dafür beauftragte Jugendhilfe soll insbesondere

1. *„junge Menschen in ihrer individuellen und sozialen Entwicklung fördern und dazu beitragen, Benachteiligungen zu vermeiden oder abzubauen,*

2. *Eltern und andere Erziehungsberechtigte bei der Erziehung beraten und unterstützen,*

3. *Kinder und Jugendliche vor Gefahren für ihr Wohl schützen,*

4. *dazu beitragen, positive Lebensbedingungen für junge Menschen und ihre Familien sowie eine kinder- und familienfreundliche Umwelt zu erhalten oder zu schaffen."*[143]

Schon anhand dieser allgemeinen Zielstellung ist erkennbar, dass sich die Ziele von Frühen Hilfen und der allgemeinen Kinder- und Jugendhilfe grundsätzlich entsprechen. Gleichzeitig ist erkennbar, dass die für die Frühen Hilfen wesentliche Zielgruppe der werdenden Eltern in der Zielbestimmung des SGB VIII keine Erwähnung findet. Es ist stets nur von Eltern und jungen Menschen die Rede. Es ist auch auszuschließen, dass mit dem Begriff „Eltern" im SGB VIII auch werdende Eltern gemeint sind, da jegliche Rechte und Pflichten im SGB VIII an eine tatsächlich vorliegende Personen-

---

143 § 1 Absatz 3 SGB VIII.

sorge-, oder Erziehungsberechtigung anknüpfen[144]. Die Vorschrift bezieht sich demnach auf §§ 1591f. sowie §§ 1626ff. BGB, nach denen eine bereits erfolgte Geburt zur Begründung der Elterneigenschaft erforderlich ist.

Diese Zielgruppendefinition setzt sich auch in dem für Frühe Hilfen relevanten § 16 SGB VIII fort. Dort ist geregelt, dass *„Müttern, Vätern, anderen Erziehungsberechtigten und jungen Menschen [...] Leistungen der allgemeinen Förderung der Erziehung in der Familie angeboten werden [sollen]"*[145]. Erst durch das Bundeskinderschutzgesetz wurde mit Wirkung zum 1. Januar 2012 Absatz 3 eingefügt, der festlegt, dass *„Müttern und Vätern sowie schwangeren Frauen und werdenden Vätern [...] Beratung und Hilfe in Fragen der Partnerschaft und des Aufbaus elterlicher Erziehungs- und Beziehungskompetenzen angeboten werden [sollen]"*[146]. Es ist jedoch darauf hinzuweisen, dass in den sich anschließenden Paragraphen des Abschnitts „Förderung der Erziehung der Familie" keine Hinweise auf frühe Förderung erkennbar sind. Vielmehr umfassen diese Maßnahmen Unterstützung bei formalen Fragen des Personenstandes oder der Personensorge[147] sowie in Notsituationen oder zu gemeinsamen Wohnformen[148].

WIESNER sieht zwar grundsätzlich eine Abdeckung verschiedener Bedarfe, die dem Komplex Frühe Hilfen zugerechnet werden können, diagnostiziert aber gleichzeitig eine mangelhafte konkrete Verfügbarkeit der Unterstützungsleistungen und schlägt eine Modifizierung[149] des § 16 SGB VIII vor, um konkreter gefasste und damit einklagbare Rechtsansprüche auf be-

---

144 § 7 Absatz 1 SGB VIII

145 § 16 Absatz 1 SGB VIII.

146 § 16 Absatz 3 SGB VIII.

147 §§ 17 und 18 SGB VIII.

148 §§ 19ff. SGB VIII.

149 Wiesner 2010, Seite 34f.

stimmte Leistungen aufzunehmen. Gleichzeitig solle eine Erweiterung[150] des § 27 SGB VIII auf werdende Eltern geprüft werden.

Das für Berlin gültige Gesetz zur Ausführung des Kinder- und Jugendhilfegesetzes sieht in § 27 betreffend der Regelungen des SGB VIII vor, dass *„die Leistungen nach diesem Abschnitt* [sic!] *[…] in entsprechender Anwendung bei Bedarf bereits schwangeren Frauen angeboten werden* [sollen] *(Frühe Hilfen). Die für Jugend und Familie sowie die für das Gesundheitswesen zuständigen Senatsverwaltungen entwickeln aufeinander abgestimmte Leistungsangebote"*[151]. Zu beachten ist dabei, dass sich dieser Paragraph im Sechsten Abschnitt befindet, der Hilfe zur Erziehung, Hilfe für junge Volljährige und Eingliederungshilfe betrifft. Es handelt sich demnach um Leistungen, die nur dann greifen, *„[…] wenn eine dem Wohl des Kindes oder des Jugendlichen entsprechende Erziehung nicht gewährleistet ist und die Hilfe für seine Entwicklung geeignet und notwendig ist"*[152]. Nach dem Wortlaut des Gesetzes betreffen die Leistungen, die auch bereits schwangeren Frauen angeboten werden sollen, demnach gerade nicht die Leistungen aus dem Fünften Abschnitt (Förderung der Erziehung in der Familie) wie Familienbildung und Erziehungs- und Familienberatung. Sie sind mithin nicht auf präventives Handeln ausgelegt, sondern sollen erst dann zur Anwendung kommen, wenn sich eine Gefahrensituation bereits manifestiert hat.

Die ursprünglich vorgesehene Definitionsfunktion der Frühen Hilfen, die durch den Klammerzusatz in § 27 Satz 1 AG KJHG deutlich wird, gilt – wie bereits oben (siehe II 3.) geschildert – nicht fort.

---

150 Wiesner 2010, Seite 35.

151 § 27 AG KJHG.

152 § 27 SGB Absatz 1 VIII.

b) Berliner Kinderschutzgesetz

Ziel des Berliner Gesetzes zur Förderung der Gesundheit von Kindern und des Kinderschutzes ist es, *„[…] Kindern und Jugendlichen eine gesunde Entwicklung zu ermöglichen und sie vor Gefährdungen für ihr Wohl zu schützen"*[153]. Dazu soll

„1. die Inanspruchnahme der Früherkennungsuntersuchungen von Kindern mit Berliner Wohnsitz gesteigert,

2. die Früherkennung von Risiken für das Wohl und die Gesundheit von Kindern und Jugendlichen gefördert,

3. die Einleitung von Maßnahmen zur Frühbehandlung und Frühförderung gesichert und

4. die Kooperation in Angelegenheiten des Kinderschutzes zwischen staatlichen Einrichtungen und Stellen sowie Einrichtungen und Diensten anderer Träger der gesundheitlichen, sozialen und pädagogischen Betreuung und Förderung von Kindern oder Jugendlichen ausgebaut werden."[154]

Dabei legt das Berliner Kinderschutzgesetz einen Schwerpunkt auf die Teilnahme an Früherkennungsuntersuchungen (sogenannte U-Untersuchungen). Mittels eines umfangreichen Einladewesens und Rückmeldeverfahrens soll sichergestellt werden, dass *„[…] Kinder an einer in den ‚Kinder-Richtlinien' für ihr jeweiligen Alter vorgesehenen Früherkennungsuntersuchung der Untersuchungsstufen mit Beginn des 3. Lebensmonats bis zum vollendeten 10. Lebensjahr unabhängig von ihrem Versichertenstatus [teilnehmen]."*[155]

Soweit ein Kind zu einer Früherkennungsuntersuchung nicht bei einem niedergelassenen Kinderarzt oder bei einem Kinderarzt des Kinder- und

---

153 § 1 Absatz 2 Satz 1 KiSchuG.

154 § 1 Absatz 2 Satz 2 KiSchuG.

155 § 6 Absatz 1 Satz 1 KiSchuG.

Jugendgesundheitsdienstes (KJGD) in den Berliner Bezirken vorgestellt wurde, erhält das Gesundheitsamt des Wohnbezirkes eine Mitteilung über das Versäumen des Termins.[156] Das Gesundheitsamt ist sodann verpflichtet, nach schriftlicher Ankündigung und Hinweis auf die Freiwilligkeit, einen Hausbesuch zwecks Information über Inhalt und Zweck der Früherkennungsuntersuchungen durchzuführen.[157] Dieser Hausbesuch unterbleibt schon dann, wenn die Eltern nachvollziehbare Gründe für ein Versäumen des Termins nennen und dem Gesundheitsamt keine Anhaltspunkte für eine Kindeswohlgefährdung vorliegen.[158]

Offen lässt das Gesetz an dieser Stelle, aus welchen Datenquellen sich diese Anhaltspunkte für das Gesundheitsamt ergeben können. Dies erscheint umso irritierender, da anschließend geregelt wird, dass bei Feststellung von gewichtigen Anhaltspunkten für Kindeswohlgefährdung im Rahmen des Hausbesuches das Gesundheitsamt verpflichtet ist, dies unverzüglich dem zuständigen Jugendamt mitzuteilen[159]. Wenn aber aufgrund fehlenden Zuganges zu Informationen bereits keine Anhaltspunkte für eine solche Kindeswohlgefährdung vorliegen, wird es erst gar nicht zu einem Hausbesuch kommen.

Das Rückmeldesystem hat eine weitere Schwäche. So werden Meldungen über versäumte Termine erst spät an das Gesundheitsamt weitergeleitet. Bis es zu einer Kontaktaufnahme mit den Eltern kommt, haben entweder die Eltern bereits den Termin nachgeholt oder das Zeitfenster zur verlässlichen Beurteilung des kindlichen Entwicklungsstandes anhand vergleichbarer

---

156 § 4 und 5 KiSchuG. Untersuchungen außerhalb Berlins sind grundsätzlich auch möglich (vgl. § 6 Absatz 4 Satz 2 KiSchuG), stellen aber vermutlich die Ausnahme dar.

157 § 6 Absatz 6 Satz 1 KiSchuG.

158 § 6 Absatz 6 Satz 2 KiSchuG.

159 § 6 Absatz 7 Satz 1 KiSchuG.

Kriterien ist bereits verstrichen, sodass eine Nachholung nicht mehr möglich ist beziehungsweise durch die Ärzte nicht mehr abgerechnet werden kann.

Zu kritisieren ist auch die dadurch entstehende enorme Belastung des medizinischen und pädagogischen Fachpersonals des Öffentlichen Gesundheitsdienstes mit Verwaltungstätigkeit, die zu keinem erkennbaren Mehrwert führt. Hinzu kommt, dass die Teilnahme an Früherkennungsuntersuchungen weiterhin nicht verpflichtend ist. Über einen freiwilligen Hausbesuch des KJGD hinaus finden keine Maßnahmen statt, Eltern zur Teilnahme zu bewegen. Insbesondere sind keine Ordnungswidrigkeitstatbestände vorgesehen. Zwar ist die Inanspruchnahme der Früherkennungsuntersuchungen U1 bis U8 in Neukölln stetig gestiegen und dieser Anstieg ist auf das verbindliche Einladewesen zurückzuführen.[160] Der Anstieg bleibt jedoch hinter den Erwartungen zurück und erreicht mit über 22% der Neuköllner und fast 15% der Berliner Kinder noch lange nicht alle Familien.

In die entgegengesetzte Richtung geht die Kritik des Berliner Landesverbandes des Deutschen Kinderschutzbund e.V., der befürchtet, dass aufgrund der *„möglichst lückenfreien Kontroll- und Meldestruktur"*[161] die Gefahr bestehe, dass sich die Familien aus Angst, dass ihnen die Kinder weggenommen werden, jeglichen Hilfsangeboten verschließen[162]. Gleichzeitig wird ein Mangel an klaren Handlungsanleitungen im Falle eines Verdachtes auf Kindeswohlgefährdung für Fachkräfte gesehen.[163]

Statt des gesetzlichen Einlade- und Meldewesens fordert der Kinderschutzbund eine größere Verbindlichkeit beim Ausbau von präventiven und

---

160 Bezirksamt Neukölln von Berlin 2016, Seite 23.

161 Deutscher Kinderschutzbund 2009, Seite 1.

162 Deutscher Kinderschutzbund 2009, Seite 1.

163 Deutscher Kinderschutzbund 2009, Seite 1f.

Frühen Hilfen.[164] Insbesondere sollten folgende Angebote ausgebaut werden:

- Wertschätzende Begrüßungsbesuche aller Neugeborenen und ihrer Eltern durch den Kinder- und Jugendgesundheitsdienst (KJGD) der Bezirke,

- flächendeckende Informationen zu Hilfsangeboten für alle Eltern Neugeborener durch Übergabe eines Info-Paketes bei dem Begrüßungsbesuch des KJGD,

- kontinuierliche Begleitung von hilfebedürftigen Eltern von Anfang an,

- flächendeckende Angebote im Bereich Elternbildung,

- das Recht auf einen sogenannten Teilzeitkitaplatz für alle Kinder ab dem 1. Lebensjahr sowie unbürokratische Bereitstellung der Kitaplätze und

- die Förderung von Eltern-Kind-Zentren in Kooperation mit Kindertagesstätten, vor allem in sozialen Brennpunkten.[165]

Mit Blick auf die oben erkannten Handlungsfelder der Frühen Hilfen sowie deren konzeptioneller Verankerung im primär- und sekundärpräventiven Bereich sind diese Forderungen grundsätzlich zu begrüßen und stehen im Einklang mit den Förderzielen der Frühen Hilfen im Allgemeinen. Insbesondere die universelle und flächendeckende Information über bestehende Unterstützungsangebote zum frühestmöglichen Zeitpunkt kann dazu beitragen, dass bestehende Angebote auch genutzt werden. In welchem Umfang diese und ähnliche Maßnahmen im Einzelfall umgesetzt und beispielhaft in eine Gesamtstrategie einbezogen sind, wird in Kapitel V dargestellt.

---

164 Deutscher Kinderschutzbund 2009, Seite 2.

165 Deutscher Kinderschutzbund 2009, Seite 2.

Über das Einlade- und Rückmeldewesen hinaus regelt das Berliner Kinderschutzgesetz in den §§ 8 bis 14 auch die Umsetzung des sogenannten Netzwerkes Kinderschutz. Darin ist vorgesehen, dass sowohl Jugend-, als auch Gesundheits- und Sozialamt gewährleisten, dass Schwangere sowie Mütter und Väter in belasteten Lebenssituationen, mit sozialer Benachteiligung oder individueller Beeinträchtigung frühzeitig durch Beratung auf Unterstützungsmöglichkeiten, Hilfen und Leistungen hingewiesen werden.[166] Es besteht mithin ein klarer Fokus auf Sekundärprävention, also Angebote für Familien mit Risikofaktoren. Universelle Prävention beziehungsweise Primärprävention ist nicht vorgesehen.

Auch im folgenden Paragraphen ist Primärprävention nicht ausdrücklich vorgesehen. Es bleibt weithin offen, welche Zielgruppen angesprochen werden sollen. Lediglich bei dem – auch vom Deutschen Kinderschutzbund e.V. geforderten – Hausbesuch werden ausdrücklich Erstgebärende und Geburten unter belastenden Sozialverhältnissen genannt.[167] Damit ist auch hier ein Fokus auf Sekundärprävention erkennbar und das Gesetz bleibt mithin auch in diesem Aufgabenbereich hinter den Forderungen des Deutschen Kinderschutzbund e.V., der einen Besuch aller Neugeborenen fordert (s.o.), zurück. Lediglich die Angebote der Familienbildung und die Information über und Vermittlung von Unterstützungsleistungen für Schwangere, Mütter und Väter[168] lassen sich als primärpräventive Maßnahmen erkennen. Eine ausdrückliche gesetzliche Festlegung, dass diese Angebote allen Familien offen stehen sollen, erfolgt gleichwohl nicht.

Die übrigen Regelungen des Berliner Kinderschutzgesetzes betreffen Zuständigkeiten innerhalb von Behörden, regeln die Einrichtung von Kinderschutzbeauftragten in Jugend- und Gesundheitsämtern und legen Rechte und Pflichten bezüglich der Informationsweitergabe bei Verdacht auf eine

---

166 § 8 Absatz 1 KiSchuG.

167 § 9 KiSchuG.

168 § 9 KiSchuG.

Kindeswohlgefährdung fest.[169] Insbesondere die wichtigen Vorgaben bezüglich der Informationsweitergabe sind grundsätzlich geeignet, durch frühzeitige Information des Jugendamtes eine Kindeswohlgefährdung zu verhindern oder zu beenden. Sie sind jedoch keine Maßnahmen der Frühen Hilfen, sondern liegen erkennbar im Bereich der Intervention beziehungsweise der tertiären Prävention.

Die im Artikel VII des Berliner Gesetzes zum Schutz und Wohl des Kindes geregelte Einfügung des § 27 innerhalb des Gesetzes zur Ausführung des Kinder- und Jugendhilfegesetzes ist bereits oben dargestellt worden.

c) Bundeskinderschutzgesetz

Das Bundeskinderschutzgesetz, das als Artikelgesetz mehrere Änderungen an bestehenden Gesetzen bestimmt sowie ein neues Gesetz – das Gesetz zur Kooperation und Information im Kinderschutz – einführt, ist schon aufgrund der bereitgestellten finanziellen Ressourcen eine wesentliche Voraussetzung für die strategische Ausrichtung von Netzwerken Früher Hilfen in den Kommunen. Über die Förderung von Frühen Hilfen hinaus trifft es vornehmlich Regelungen bezüglich der Informationsweitergabe und Qualitätsentwicklung.

Wenige dieser Maßnahmen sollen hier nur kurz dargestellt werden, bevor der Kern des Bundeskinderschutzgesetzes – das Gesetz zur Kooperation und Information im Kinderschutz – sowie die darauf aufbauende Verwaltungsvereinbarung zur Bundesinitiative Netzwerke Frühe Hilfen und Familienhebammen 2012 – 2015 ausführlich betrachtet werden.

Neben der bereits oben erwähnten Einfügung des Absatz 3 in § 16 SGB VIII ist für den Bereich der Frühen Hilfen relevant, dass das Schwanger-

---

169 §§ 10ff. KiSchuG.

schaftskonfliktgesetz[170] dahingehend geändert wurde, dass auch eine anonyme Beratung möglich ist[171], sowie die Verpflichtung der Mitwirkung der Beratungsstellen in den Netzwerken nach § 3 des KKG[172]. Darüber hinaus wurde ein Tätigkeitsausschluss in der Wahrnehmung von Aufgaben der öffentlichen Kinder- und Jugendhilfe einschlägig – das heißt im Bereich der Straftaten mit sexuellem Bezug oder mit Bezug zu Menschenhandel und ähnlichen Delikten[173] – vorbestrafter Personen geregelt. Zur Durchsetzung dieses Tätigkeitsausschlusses sollen die Träger der öffentlichen Jugendhilfe bei der Einstellung und in regelmäßigen Abständen von den betroffenen Personen ein erweitertes Führungszeugnis nach § 30 Absatz 5 und § 30a Absatz 1 des Bundeszentralregistergesetzes verlangen.[174] Dies soll auch für Ehrenamtliche gelten.[175] Diese Maßnahme kann dazu beitragen, eine Kindeswohlgefährdung durch Fachkräfte zu verhindern. Die Zielrichtung ist jedoch erkennbar eine Verhinderung von Kindeswohlgefährdung mit sexuellem Hintergrund, sodass sie für den Aufgabenbereich der Frühen Hilfen, der diese Art der Kindeswohlgefährdung ausdrücklich nicht umfasst, nicht von überragender Bedeutung ist.

In den §§ 8a Absatz 5 und 86c SGB VIII trifft das Bundeskinderschutzgesetz darüber hinaus Regelungen zur Kontinuitätssicherung.[176] Dies betrifft insbesondere das als „Jugendamts-Hopping" bezeichnete Wechseln des örtlich zuständigen Trägers der Jugendhilfe durch Familien, die Leistungen nach dem SGB VIII beziehen. § 8a Absatz 5 SGB VIII legt fest, dass ein örtli-

---

170 Schwangerschaftskonfliktgesetz vom 27. Juli 1992 (BGBl. I S. 1398), das zuletzt durch Artikel 7 des Gesetzes vom 28. August 2013 (BGBl. I S. 3458) geändert worden ist (SchKG).

171 Artikel 3 Absatz 2 Nummer 1 BKiSchG.

172 Artikel 3 Absatz 2 Nummer 2a) BKiSchG.

173 Artikel 2 Nummer 18 BKiSchG.

174 Artikel 2 Nummer 18 BKiSchG.

175 Artikel 2 Nummer 18 BKiSchG.

176 Meysen / Eschelbach 2012, Seite 51f.

cher Träger, dem gewichtige Anhaltspunkte für die Gefährdung eines Kindes bekannt werden, dem für die Gewährung von Leistungen zuständigen örtlichen Träger die Daten mitzuteilen hat, deren Kenntnis zur Wahrnehmung des Schutzauftrages bei Kindeswohlgefährdung erforderlich ist. Diese Daten sollen demnach im Rahmen eines Gespräches zwischen den Fachkräften der beiden Träger erfolgen. Die Eltern und das Kind sollen beteiligt werden, soweit dadurch der wirksame Schutz des Kindes nicht in Frage gestellt wird.

Der neue § 86c SGB VIII regelt weiter die fortdauernde Leistungsverpflichtung sowie die Fallübergabe bei einem Zuständigkeitswechsel des örtlichen Trägers. Das nach einem Zuständigkeitswechsel zuständige Jugendamt wird verpflichtet dafür Sorge zu tragen, dass der Hilfeprozess und die im Rahmen der Hilfeplanung vereinbarten Hilfeziele durch den Zuständigkeitswechsel nicht gefährdet werden. Um die Fallübergabe zu beschleunigen, müssen die für die Hilfegewährung sowie den Zuständigkeitswechsel maßgeblichen Sozialdaten unverzüglich übermittelt werden. Auch hier soll ein Gespräch unter Beteiligung der Betroffenen stattfinden.

Die übrigen Regelungen sind für primär- und sekundärpräventive Maßnahmen nicht von erheblicher Bedeutung.

d) Gesetz zur Kooperation und Information im Kinderschutz

Mit dem Gesetz zur Kooperation und Information im Kinderschutz (KKG) wurden erstmalig strukturelle Voraussetzungen für eine institutionelle Verankerung von Frühen Hilfen im deutschen Kinder- und Jugendhilfesystem geschaffen. Ziel ist es, das Wohl von Kindern und Jugendlichen zu schützen und ihre körperliche, geistige und seelische Entwicklung zu fördern.[177] Dazu sollen Eltern bei der Wahrnehmung ihres Erziehungsrechtes

---

177 § 1 Absatz 1 KKG.

und ihrer Erziehungsverantwortung unterstützt werden, soweit es erforderlich ist.[178] Teilziele des KKG sind:

- Eltern zu befähigen, ihrer Erziehungsverantwortung besser gerecht werden zu können

- Voraussetzungen zu schaffen, damit Risiken für die Entwicklung von Kindern und Jugendlichen im Einzelfall frühzeitig erkannt werden und

- Voraussetzungen zu schaffen, damit im Einzelfall eine Gefährdung des Wohls eines Kindes oder eines Jugendlichen vermieden oder, falls dies nicht mehr möglich ist, eine weitere Gefährdung oder Schädigung abgewendet werden kann[179]

In diesen drei Teilzielen lassen sich die Präventionsstufen (primär, sekundär, tertiär) grundsätzlich erkennen. Eine darüber hinausgehende Vertiefung der Handlungsfelder findet im KKG jedoch nicht statt. Bemerkenswert ist jedoch bereits an dieser Stelle, dass ausdrücklich keine Differenzierung der Zielgruppen erfolgt. Ein ausschließlicher Fokus auf Sekundärprävention lässt sich mithin aus dem KKG nicht ableiten. Gleichzeitig formuliert § 1 Absatz 3 Nummer 2 KKG das Ziel, dass Risiken frühzeitig erkannt werden sollen und spricht sich damit bereits implizit für die Nutzung von Screeningverfahren aus.

Im Folgenden regelt das Gesetz eine Informationspflicht bezüglich bestehender Leistungsangebote im örtlichen Einzugsbereich zur Beratung und Hilfe in Fragen der Schwangerschaft, Geburt und der Entwicklung des Kindes in den ersten Lebensjahren.[180] Diese Informationspflicht ist unter Bezug auf die vorliegenden Begriffsbestimmungen der Frühen Hilfen und Präven-

---

178 § 1 Absatz 3 KKG.

179 § 1 Absatz 3 Nummern 1 bis 3 KKG.

180 § 2 Absatz 1 KKG.

tion als Maßnahme der primären Prävention zu verstehen, da alle Eltern bedingungslos informiert werden sollen.

Die darüber hinaus gehende Befugnis für die nach Landesrecht für die Information der Eltern zuständigen Stellen, den Eltern ein persönliches Gespräch anzubieten, lässt einerseits nunmehr auch nach Bundesrecht Begrüßungsbesuche zu, kann andererseits auch als Möglichkeit der weitergehenden sekundären Prävention genutzt werden. Das Angebot des persönlichen Informationsgesprächs kann dazu beitragen, Familien mit erkannten Risikofaktoren - zum Beispiel auf Grundlage eines Screeningverfahrens – zusätzlich zu informieren und auf individuell passende Unterstützungsangebote aufmerksam zu machen.

Für die wesentlichen Handlungsfelder der Frühen Hilfen bestehen bereits umfangreiche Angebote, die zum Teil zum öffentlichen Gesundheits- oder Sozialsystem gehören (Hebammen, Kinderärzte, Geburtskliniken, Behörden etc.), aus dem Jugendhilfesystem entstanden sind (Eltern-Kind-Gruppen, Beratungs- und Betreuungsangebote etc.) oder von Vereinen und privaten Organisationen angeboten werden (Sportkurse, Babyschwimmen, Erste Hilfe Kurse).[181] Grundsätzlich stehen diese Angebote jungen oder werdenden Eltern zur Verfügung – oft auch kostenfrei oder durch Förderung der öffentlichen Hand vergünstigt. Ein wesentliches Anliegen des Gesetzes zur Kooperation und Information im Kinderschutz ist es,

> „[...] insbesondere im Bereich Früher Hilfen flächendeckend verbindliche Strukturen der Zusammenarbeit der zuständigen Leistungsträger und Institutionen im Kinderschutz mit dem Ziel [aufzubauen] und [weiterzuentwickeln], sich gegenseitig über das jeweilige Angebots- und Aufgabenspektrum zu informieren, strukturelle Fragen der

---

181 Bundesministerium für Familie, Senioren, Frauen und Jugend 2012, Seite 2.

Angebotsgestaltung und -entwicklung zu klären sowie Verfahren im
Kinderschutz aufeinander abzustimmen."[182]

Insbesondere sollen in das Netzwerk alle Einrichtungen einbezogen werden, die in den ersten Lebensjahren unter Umständen Kontakt mit den Familien haben.[183]

Das KKG verfolgt also das Ziel, ein umfassendes Netzwerk aller mit Kinderschutz und Frühen Hilfen befassten Einrichtungen und Institutionen einzurichten und zu unterhalten. Dieses Netzwerk soll durch den Einsatz von Familienhebammen und durch ehrenamtliche Strukturen ergänzt werden.[184] Zwischen 2012 und 2015 stellt das Bundesministerium für Familie, Senioren, Frauen und Jugend für den Ausbau des Netzwerkes, den Einsatz von Familienhebammen und für ehrenamtliche Strukturen insgesamt 177 Millionen Euro zur Verfügung (Bundesinitiative Netzwerke Frühe Hilfen und Familienhebammen 2012 bis 2015).[185] Nach 2015 sollen jährlich 51 Millionen Euro über einen Fonds bereitgestellt werden.[186]

---

182 § 3 Absatz 1 KKG.

183 Vgl. § 3 Absatz 2 KKG. Dies sind Einrichtungen und Dienste der öffentlichen und freien Jugendhilfe, Einrichtungen und Dienste, mit denen Verträge nach § 75 Absatz 3 des Zwölften Buches Sozialgesetzbuch bestehen, Gesundheitsämter, Sozialämter, Gemeinsame Servicestellen, Schulen, Polizei- und Ordnungsbehörden, Agenturen für Arbeit, Krankenhäuser, Sozialpädiatrische Zentren, Frühförderstellen, Beratungsstellen für soziale Problemlagen, Beratungsstellen nach den §§ 3 und 8 des Schwangerschaftskonfliktgesetzes, Einrichtungen und Dienste zur Müttergenesung sowie zum Schutz gegen Gewalt in engen sozialen Beziehungen, Familienbildungsstätten, Familiengerichte und Angehörige der Heilberufe.

184 § 3 Absatz 4 KKG.

185 § 3 Absatz 4 KKG.

186 § 3 Absatz 4 KKG.

Die die Ausgestaltung der Bundesinitiative regelnde Verwaltungsvereinbarung wird im folgenden Kapitel erläutert.

Die Bereitstellung der Mittel ab 2016 konnte erheblichen Bedenken des Bundesrechnungshofes bezüglich der dauer- und regelhaften Finanzierung der Frühen Hilfen aus Bundesmitteln folgend nicht in die ursprünglich vorgesehene Einrichtung eines Fonds überführt werden. Der Bundesrechnungshof hat verfassungsrechtliche Bedenken gegen die Bundesförderung von Maßnahmen *„die sich auf lokaler Ebene abspielen"*[187] geltend gemacht. Stattdessen wurde die Bundesinitiative Netzwerke Frühe Hilfen und Familienhebammen bis zur Einrichtung einer entsprechenden Stiftung, längstens bis Ende 2017 verlängert. Die Verwaltungsvereinbarung zwischen Bund und Ländern wurde entsprechend angepasst.

Im abschließenden § 4 trifft das KKG besondere Regelungen zur Informationsübermittlung durch Geheimnisträger bei Kindeswohlgefährdung. So sollen Berufsgeheimnisträger wie Ärzte, Psychologen, Hebammen und weitere Stellen, soweit ihnen im Rahmen ihrer beruflichen Tätigkeit gewichtige Anhaltspunkte für die Gefährdung des Wohls eines Kindes bekannt werden, die Situation zunächst mit dem Kind und den Personensorgeberechtigten erörtern und auf die Inanspruchnahme von Hilfen hinwirken.[188] Zu Beratungszwecken dürfen sie die erforderlichen Daten an eine insoweit erfahrene Fachkraft[189] der öffentlichen Jugendhilfe pseudonymisiert übermitteln.[190] Erst wenn diese Maßnahme keinen Erfolg verspricht oder erfolglos war und die in Absatz 1 genannten Berufsgruppen ein Tätigwerden des Jugendamtes für erforderlich halten, um eine Kindeswohlgefährdung abzuwenden, sind

---

187   Jugend- und Familienministerkonferenz, Seite 2.

188   § 4 Absatz 1 KKG.

189   §§ 8a und 8b SGB VIII.

190   § 4 Absatz 2 KKG.

sie befugt, das Jugendamt zu informieren.[191] Wie bereits oben bei ähnlich lautenden Regelungen des SGB VIII zur Informationsweitergabe geschildert, betreffen diese gesetzgeberischen Maßnahmen nicht den primär- und sekundärpräventiven Bereich und sollen daher in dieser Arbeit keine weitere Berücksichtigung finden.

e) Präventionsgesetz

Nachdem seit 2005 bereits mehrere Versuche, mit einem Präventionsgesetz die Prävention zu einer eigenständigen Säule der gesundheitlichen Versorgung auszubauen, scheiterten, soll noch in der laufenden 18. Legislaturperiode ein solches Gesetz verabschiedet werden. Die gesetzlichen Krankenversicherungen sollen nach einem vorliegenden Entwurf sieben Euro pro Versichertem für Prävention ausgeben. Der Schwerpunkt liegt hierbei jedoch auf Prävention im medizinischen Sinne sowie auf betrieblicher Gesundheitsförderung. Bezüglich der Frühen Hilfen sieht ein vorliegender Referentenentwurf mit einer Änderung des § 26 SGB V vor, dass versicherte Kinder bis zur Vollendung des achtzehnten Lebensjahres Anspruch haben auf

> *„Untersuchungen zur Früherkennung von Krankheiten, die ihre körperliche, geistige oder psycho-soziale Entwicklung in nicht geringfügigem Maße gefährden. Die Untersuchungen beinhalten auch eine Erfassung und Bewertung gesundheitlicher Risiken und eine darauf abgestimmte präventionsorientierte Beratung einschließlich Informationen zu regionalen Unterstützungsangeboten für Eltern und Kind. Die Untersuchungen umfassen, sofern medizinisch angezeigt, eine Präventionsempfehlung für Leistungen zur individuellen Verhaltensprävention, [...] die sich altersentsprechend an das Kind, den Jugendlichen oder die Eltern oder andere Sorgeberechtigte richten können."*[192]

---

191 § 4 Absatz 3 KKG.

192 Bundesministerium für Gesundheit 2014, Seite 14.

Neben der Ausweitung der Früherkennungsuntersuchungen auf die Vollendung des achtzehnten Lebensjahres (bisher bis zum sechsten Lebensjahr) und die Aufnahme der psychosozialen Entwicklung fällt insbesondere die im Entwurf ergänzte Erfassung von Risiken auf. Aussagen zum gesunden Aufwachsen von Kindern mit direktem Bezug zu Frühen Hilfen sieht der Entwurf jedoch nicht vor. Augenscheinlich liegt hier ein erheblicher Fokus auf der Prävention von Krankheiten im medizinischen Sinne während anhand des Wortlautes gleichzeitig nicht klar ist, ob die Erfassung von gesundheitlichen Risiken und die darauf abgestimmte Beratung auch soziale Risikofaktoren einschließt. In der Begründung des Gesetzesentwurfes wird diese Absicht hingegen bestätigt. So heißt es dort:

> *„Eltern sollen [...] ausführlicher als bisher und vorausschauender zur körperlichen, seelischen und sozialen Entwicklung des Kindes sowie zum Schutz von gesundheitsschädlichen Belastungen und Risiken beraten werden. Familien und Kinder mit besonderem Unterstützungsbedarf sollen auch auf regionale Unterstützungs- und Beratungsangebote für Eltern und Kind wie auf Angebote der Frühen Hilfen hingewiesen werden. Damit wird eine frühzeitige Intervention in sozial schwer belasteten Familien durch passgenaue Angebote zur Prävention im medizinischen und sozialen Bereich unterstützt."*[193]

Weiter wird ausgeführt, dass das vorrangige Ziel der Untersuchungen die Früherkennung von wesentlichen und wirksam behandelbaren Erkrankungen und Entwicklungsstörungen im Kinder- und Jugendalter ist[194].

Es wird mithin klargestellt, dass Frühe Hilfen ein wesentlicher Teil der frühzeitigen Prävention von gesundheitlichen und sozialen Fehlentwick-

---

193 Bundesministerium für Gesundheit 2014, Seite 23.

194 Vgl. Bundesministerium für Gesundheit 2014, Seite 44.

lungen sind. Wie bereits oben angemerkt, ist diese Absicht jedoch aus dem Wortlaut des Entwurfs nicht zweifelsfrei zu erkennen, sodass eine Änderung und Ergänzung des in der Begründung geäußerten Stellenwertes Früher Hilfen angezeigt ist. Wünschenswert wäre auch eine Konkretisierung der für Frühe Hilfen zusätzlich einzusetzenden finanziellen Mittel.[195] Diesbezüglich ist der Gesetzgebungsprozess abzuwarten. Die Bundesregierung hat den vorliegenden Gesetzentwurf am 17.12.2014 beschlossen und das Gesetz soll nach den Beratungen im Bundesrat und Bundestag zu Beginn des Jahres 2016 in Kraft treten.

Das Präventionsgesetz wurde am 18.06.2015 vom Deutschen Bundestag beschlossen. Am 10.07.2015 folgte die Zustimmung des Bundesrates. Wesentliche Änderungen am von der Bundesregierung eingebrachten Entwurf sind nicht erkennbar.

---

195 So auch Geene 2014, Seite 4, der die Ergänzungen zum SGB VIII als „eher lyrischer Art" beschreibt, den Referentenentwurf mit Blick auf betriebliche Gesundheitsförderung und die Fixierung des Setting-Ansatzes jedoch begrüßt.

IV Bundesinitiative Netzwerke Frühe Hilfen und Familienhebammen

1. Zielsetzung

Zwischen der Bundesrepublik Deutschland, vertreten durch das Bundesministerium für Familie, Senioren, Frauen und Jugend und allen deutschen Bundesländern wurde mit Wirkung zum 01.07.2012 die in § 3 Absatz 4 KKG vorgesehene Verwaltungsvereinbarung zur Ausgestaltung der Bundesinitiative geschlossen.[196] Sie fasst bereits in der Präambel die wesentlichen gesellschaftlichen Zielstellungen zusammen und bezieht sich ausdrücklich auf die auch in dieser Arbeit verwendete Definition der Frühen Hilfen des NZFH.[197]

Demnach ist das Ziel der Bundesinitiative eine Stärkung der Frühen Hilfen, die sich an alle Eltern ab der Schwangerschaft und an Eltern mit Kleinkindern wenden, um über Unterstützungsmöglichkeiten zu informieren und insbesondere Eltern in belasteten Lebenslagen spezifische Hilfen anzubieten.[198] Mit dieser Formulierung zielt die Verwaltungsvereinbarung noch deutlicher als das ihr zu Grunde liegende KKG auf die Umsetzung von sowohl primären als auch sekundären Präventionsmaßnahmen. Bereits in der Präambel zeigt sich auch, dass Maßnahmen bei drohender oder verwirklichter Kindeswohlgefährdung im engeren Sinne, also Intervention und tertiäre Prävention in der Bundesinitiative keine Rolle spielen.

Die Bundesinitiative soll über den tatsächlichen Effekt in den Kommunen auch Erkenntnisse bringen, ob und wie mit den vorgesehenen Maßnahmen eine Verbesserung der Situation von belasteten Eltern und ihren Kindern im

---

196 Bundesministerium für Familie, Senioren, Frauen und Jugend 2012.

197 Bundesministerium für Familie, Senioren, Frauen und Jugend 2012, Seite 2.

198 Bundesministerium für Familie, Senioren, Frauen und Jugend 2012, Seite 2.

Sinne der Ziele des KKG erreicht werden kann.[199] Die Bundesinitiative Netzwerke Frühe Hilfen und Familienhebammen ist insofern auch ein Erprobungsprojekt, das die Wirksamkeit der vorgeschlagenen Maßnahmen feststellen soll.[200]

2. Maßnahmen

Die von der Verwaltungsvereinbarung zur Umsetzung der Ziele vorgesehenen Maßnahmen sind:

- Netzwerkaufbau durch Netzwerkkoordinatoren,

- Einsatz von Familienhebammen und

- Einbindung von Ehrenamtlichen.

a) Netzwerkausbau

Zum Teilziel des Netzwerkausbaus formuliert die Verwaltungsvereinbarung:

> „Bund und Länder wollen faire Chancen und gute Lebensbedingungen von Anfang an für Kinder im gesamten Bundesgebiet sicherstellen. Dafür ist eine intensive Zusammenarbeit verschiedener Einrichtungen und Dienste (§ 3 Absatz 2 KKG) notwendig, die in einem lokalen Netzwerk unter Einbindung von Familienhebammen und auch unter Einbeziehung ehrenamtlicher Strukturen koordiniert werden müssen. [...] Die Bundesinitiative soll die bereits bestehenden Aktivitäten von Ländern und Kommunen zur Etablierung verbindlicher Netzwerke mit Zuständigkeit für Frühe Hilfen und zur Einbindung von Familienhebammen und vergleichbaren Berufsgruppen aus dem

---

199 Bundesministerium für Familie, Senioren, Frauen und Jugend 2012, Seite 3.

200 Bundesministerium für Familie, Senioren, Frauen und Jugend 2012, Seite 11f.

Gesundheitsbereich in diese Netzwerke ergänzen, das heißt mit zu-
sätzlichen Maßnahmen deren Ausbau und die Weiterentwicklung be-
fördern oder in den Bereichen, wo es noch keine entsprechenden Struk-
turen und Angebote gibt, den Auf- und Ausbau modellhaft anregen.
[…] Die Maßnahmen der Bundesinitiative sollen regionale Gegeben-
heiten berücksichtigen, um nicht bereits vorhandene Strukturen zu er-
setzen oder Parallelstrukturen aufzubauen."[201]

Folglich sieht die Verwaltungsvereinbarung grundsätzlich vor, dass die
Bundesinitiative ergänzend in bereits bestehende Netzwerke integriert wird
und deren Ausbau fördert. Es ist demnach weder vorgesehen, noch ist es
vor dem Hintergrund begrenzter zeitlicher und finanzieller Ressourcen
sinnvoll, das Netzwerk der Bundesinitiative parallel zu anderen Netzwerken aufzubauen oder zu betreiben. Das Nationale Zentrum Frühe Hilfen
ergänzt dies insoweit, dass die Frühen Hilfen für einen strukturellen Wandel hin zur regelhaften und verbindlichen Zusammenarbeit bislang nicht
systematisch verbundener und aufeinander bezogener Unterstützungssysteme stehen.[202] Weiter konkretisiert es:

„Dazu gehört auch, als Koordinationsstelle kompetenter Ansprech-
partner für die Vielfalt und Besonderheiten der Frühen Hilfen vor Ort
für die Netzwerkpartner zu sein und die interdisziplinäre Zusammen-
arbeit zu fördern. Im Kompetenzprofil ist die Ausgestaltung der Ko-
operationswege zum intervenierenden Kinderschutz mit Basiskompe-
tenzen unterlegt; es ist jedoch nicht darauf ausgerichtet, als Netz-
werkkoordination selbst konkrete Aufgaben mit Schutz- und Kontroll-
funktion zu übernehmen. […] Netzwerke Frühe Hilfen [bauen] in al-
ler Regel auf bereits bestehende Formen von Vernetzung auf […], um
Redundanzen zu vermeiden und bereits gewachsene Kooperationen
einzubeziehen. Idealtypisch sind bestehende Strukturen in ein umfas-
*sendes **kommunales Präventionskonzept** [Hervorhebung im*

---

201 Bundesministerium für Familie, Senioren, Frauen und Jugend 2012, Seite 2.

202 Nationales Zentrum Frühe Hilfen 2013a, Seite 9.

Original, Anm. d. Verfassers] *zu integrieren und dort weiterzu-entwickeln.*"[203]

Die Netzwerke sind nur dann förderfähig, wenn sie verschiedene Akteure der öffentlichen und freien Jugendhilfe, des öffentlichen Gesundheitswesens und der Beratungsstellen nach §§ 3 und 8 des Schwangerschaftskonfliktgesetzes sowie Einrichtungen der Frühförderung einbinden.[204] Die vom Bundesministerium für Familie, Senioren, Frauen und Jugend bereitgestellten Mittel sollen als Sach- und Personalkosten verwendet werden für:

- den Einsatz von Netzwerkkoordinatoren in den Koordinierungsstellen,

- die Qualifizierung und Fortbildung der Netzwerkkoordinatoren,

- Maßnahmen zur Dokumentation und Evaluation der Netzwerkprozesse,

- die Förderung der konkreten Arbeit von Netzwerkpartnern in Form von Veranstaltungen oder Qualifizierungsangeboten und

- Maßnahmen zur unterstützenden Öffentlichkeitsarbeit.[205]

Die Wichtigkeit des Netzwerkausbaus und besserer Kooperations- und Kommunikationsstrukturen[206] – insbesondere zwischen Kinder- und Ju-

---

203 Nationales Zentrum Frühe Hilfen 2013a, Seite 10.

204 Vgl. Bundesministerium für Familie, Senioren, Frauen und Jugend 2012, Seite 4 mit weiteren formalen Voraussetzungen und Hinweis auf § 3 Absatz 2 KKG.

205 Vgl. Bundesministerium für Familie, Senioren, Frauen und Jugend 2012, Seite 4.

206 Sann / Schäfer 2008, Seite 112 sowie 114f.

gendhilfe und dem Gesundheitssystem – betonen auch SANN und SCHÄ-FER.

b) Einsatz von Familienhebammen

Familienhebammen sind staatlich examinierte Hebammen mit einer Zusatzqualifikation, die sie dazu befähigt, Eltern und Familien in belastenden Lebenssituationen zu unterstützen. Die Unterstützung richtet sich an Familien, die von Risikofaktoren betroffen sind. Familienhebammen gehen bis zu einem Jahr nach der Geburt des Kindes in die Familien, unterstützen bei der gesundheitlichen Versorgung und leisten dort psychosoziale Unterstützung. Unter anderem geben Familienhebammen Informationen und Anleitung zu Pflege, Ernährung, Entwicklung und Förderung des Kindes. Dabei binden sie alle Familienmitglieder ein. Die Familienhebammen vermitteln bei Bedarf weitere Hilfen. Sie sind damit für Familien wichtige Lotsinnen durch die zahlreichen Angebote der Frühen Hilfen.[207] Das Nationale Zentrum Frühe Hilfen führt weiter aus:

> *„Der Schwerpunkt der Familienhebammenarbeit liegt auf der physischen und psychosozialen Beratung und Betreuung von (werdenden) Müttern und Vätern sowie anderen primären Bezugspersonen und deren Säuglingen. Es handelt sich um eine aufsuchende Tätigkeit in Familien mit erhöhtem Unterstützungsbedarf. Die interdisziplinäre Zusammenarbeit mit anderen Institutionen und Berufsgruppen ist wesentlicher Bestandteil der Familienhebammenarbeit. Die Tätigkeit umfasst den Zeitraum der Schwangerschaft bis zum Ende der ersten zwölf Lebensmonate des Säuglings. Mancherorts arbeiten Familienhebammen auch länger in den Familien, dies ist aber eher eine Ausnahme."*[208]

---

207 Nationales Zentrum Frühe Hilfen 2013b, Seite 9.

208 Nationales Zentrum Frühe Hilfen 2013b, Seite 10.

Die Bundesregierung ergänzt zum Einsatzprofil von Familienhebammen: *„In den Frühen Hilfen sollen Familienhebammen als aufsuchende niedrigschwellige Familienunterstützung eingesetzt werden, jedoch nicht als erzieherische Hilfe, die bis in den Bereich der Tertiärprävention hineinreichen kann"*[209].

Förderfähig im Sinne der Verwaltungsvereinbarung ist der Einsatz von Familienhebammen und vergleichbaren Berufsgruppen aus dem Gesundheitsbereich. Sie sollen dem vom Nationalen Zentrum Frühe Hilfen erarbeiteten Kompetenzprofil entsprechen oder in diesem Sinne qualifiziert und in ein für Frühe Hilfen zuständiges Netzwerk eingegliedert werden.[210] Gefördert werden insbesondere Sach- und Personalkosten für:

- den Einsatz von Familienhebammen und Familiengesundheitshebammen sowie den Einsatz von Hebammen, Gesundheits- und Kinderkrankenpflegern, Familien-, Gesundheits- und Kinderkrankenpflegern und Familiengesundheitspflegern, die dem Kompetenzprofil entsprechen,

- die Qualifizierung, Fortbildung, Fachberatung und Supervision für die genannten Fachkräfte,

- die Erstattung von Aufwendungen für die Teilnahme der genannten Fachkräfte an der Netzwerkarbeit und

- Maßnahmen zur Qualitätssicherung wie der Dokumentation des Einsatzes in den Familien.[211]

c) Einbindung von Ehrenamtlichen

Die von der Bundesregierung im Rahmen der Bundesinitiative Netzwerke Frühe Hilfen und Familienhebammen vorgesehene Einbindung von Eh-

---

209 Nationales Zentrum Frühe Hilfen 2014, Seite 6.

210 Bundesministerium für Familie, Senioren, Frauen und Jugend 2012, Seite 4.

211 Bundesministerium für Familie, Senioren, Frauen und Jugend 2012, Seite 5.

renamtlichen trägt dazu bei, die Verankerung der Ziele und Maßnahmen der Frühen Hilfen in der Bevölkerung zu stärken. Gleichzeitig erleichtert der Einsatz von ehrenamtlich tätigen Privatpersonen den Zugang zu den Zielgruppen und nutzt das vorhandene (Selbst)Hilfepotential der betroffenen Personen. Niedrigschwellige ehrenamtliche Begleitung und Unterstützung kann damit Teile des in vielen Familien nicht oder nicht mehr vorhandenen primären (familiären) Netzwerkes, das zu einer risikoarmen und kompetenzfördernden Erziehung beiträgt, ersetzen und dazu beitragen, dieses Netzwerk auszubauen. Sie kann für kurzzeitige Entlastung sorgen und damit einen Rückzugsraum und die Erfüllung persönlicher Bedürfnisse von mit der Erziehung und Beaufsichtigung der eigenen Kinder stark belasteten Eltern ermöglichen. Dies betrifft insbesondere – aber nicht nur – alleinerziehende oder sehr junge Eltern.

Förderfähig sind Ehrenamtsstrukturen und in diese Strukturen eingebundene Ehrenamtliche im Kontext Früher Hilfen, die

- in ein für Frühe Hilfen zuständiges Netzwerk eingebunden sind,
- hauptamtliche Fachbegleitung erhalten sowie
- Familien alltagspraktisch begleiten und entlasten und zur Erweiterung sozialer familiärer Netzwerke beitragen.[212]

Gefördert werden insbesondere Sach- und Personalkosten für:

- Maßnahmen zur Qualitätssicherung für den Einsatz von Ehrenamtlichen,
- die Koordination und Fachbegleitung der Ehrenamtlichen durch hauptamtliche Fachkräfte,
- Schulungen und Qualifizierungen von Koordinatoren und Koordinatorinnen und Ehrenamtlichen,

---

212 Bundesministerium für Familie, Senioren, Frauen und Jugend 2012, Seite 5.

- Fahrtkosten, die beim Einsatz der Ehrenamtlichen entstehen sowie

- Erstattungen von Aufwendungen für die Teilnahme der Koordinatorinnen und Koordinatoren sowie der Ehrenamtlichen an der Netzwerkarbeit.[213]

3. Finanzieller Umfang

Das Bundesministerium für Familie, Senioren, Frauen und Jugend stellt während der Laufzeit der Bundesinitiative insgesamt 177 Millionen Euro zur Verfügung. Im Jahr 2012 werden nach den Vorgaben der Verwaltungsvereinbarung sowie des KKG 30 Millionen Euro, 2013 45 Millionen Euro und 2014 sowie 2015 jeweils 51 Millionen Euro bereit gestellt.[214]

Die finanziellen Mittel werden neben den oben genannten Maßnahmen auch für übergeordnete Koordinationsaufgaben[215] auf Landes- und Bundesebene verwendet. Die restlichen Mittel werden nach einem Verteilschlüssel, der sich jeweils zu 1/3 nach dem Königsteiner Schlüssel[216], den unter 3-Jährigen im SGB II Leistungsbezug und der Anzahl der unter 3-Jährigen berechnet, auf die Länder verteilt.[217]

---

213 Bundesministerium für Familie, Senioren, Frauen und Jugend 2012, Seite 5.

214 Bundesministerium für Familie, Senioren, Frauen und Jugend 2012, Seite 6 sowie § 3 Absatz 4 KKG.

215 Bundesministerium für Familie, Senioren, Frauen und Jugend 2012, Seite 6.

216 Im Königsteiner Schlüssel ist festgelegt, wie die einzelnen Länder der Bundesrepublik Deutschland an gemeinsamen Finanzierungen zu beteiligen sind. Der Anteil, den ein Land danach tragen muss, richtet sich zu zwei Dritteln nach dem Steueraufkommen und zu einem Drittel nach der Bevölkerungszahl.

217 Bundesministerium für Familie, Senioren, Frauen und Jugend 2012, Seite 6.

Neben der Orientierung am Königsteiner Schlüssel, der den Charakter der Bundesinitiative als Forschungsprojekt (s.o. V 1.) widerspiegelt, zeichnet sich die Mittelverteilung durch einen Fokus auf die Anzahl von unter 3-Jährigen aus. Die Anzahl aller unter 3-Jährigen ist insofern ein Kriterium, das sich am Auftrag zur primären Prävention orientiert, während insbesondere die Berücksichtigung von unter 3-Jährigen im SGB II Leistungsbezug[218] dem Umstand Rechnung trägt, dass Sozialleistungsbezug, geringer Bildungsstand und andere schwierige soziale Lebensumstände wissenschaftlich gesicherte Risikofaktoren für die gesunde Entwicklung von Kindern sind (s.o. II 2.). Dieses Kriterium unterstreicht den Auftrag zur sekundären Prävention. Vor allem für das Land Berlin und die Berliner Bezirke führt dieses Kriterium zu einem verhältnismäßig hohen Mittelanteil, da 2012 im Land Berlin zwar nur 4,8% aller unter 3-Jährigen innerhalb der Bundesrepublik, aber 8,7% aller unter 3-Jährigen im SGB II Leistungsbezug lebten.[219]

Im Jahr 2012 erhielt das Land Berlin einen Anteil von 6,2% der Gesamtsumme, was 1.615.907 Euro entsprach.[220] Für die Jahre 2014 und 2015 stieg diese Summe aufgrund des erhöhten Gesamtfinanzierungsvolumens auf 2.720.000 Euro. Der Verteilerschlüssel ist für die Jahre 2013 bis 2015 nicht verändert worden. Von der Gesamtsumme entfallen pro Bezirk 66.667 Euro auf die Netzwerkkoordination sowie zwischen 97.000 Euro (Steglitz-Zehlendorf) und 227.460 Euro (Mitte) auf die weiteren Maßnahmen. Der Berliner Bezirk Neukölln erhielt für die Jahre 2014, 2015 und 2016 eine Gesamtsumme von jeweils 284.404 Euro.

4. Umsetzung in anderen Bundesländern

Eine Schwerpunktsetzung innerhalb des durch die Verwaltungsvereinbarung vorgegebenen Rahmens sowie die organisatorische Struktur steht den

---

218 Meysen / Eschelbach, Seite 78.

219 Bundesministerium für Familie, Senioren, Frauen und Jugend 2012, Seite 18.

220 Bundesministerium für Familie, Senioren, Frauen und Jugend 2012, Seite 18.

Bundesländern frei, soweit die für die Frühen Hilfen als wesentlich erkannten Handlungsfelder bearbeitet werden. Daher gibt es unterschiedliche Konzepte in der Umsetzung der Bundesinitiative Netzwerke Frühe Hilfen und Familienhebammen. Vergleichend soll an dieser Stelle kurz auf die beiden Bundesländer Freie und Hansestadt Hamburg sowie Freie Hansestadt Bremen geblickt werden, da diese als Stadtstaaten eine mit Berlin noch am besten vergleichbare Struktur sowie in Teilen ähnliche Problemlagen aufweisen.

a) Freie und Hansestadt Hamburg

In Hamburg werden die verfügbaren Mittel der Bundesinitiative flächendeckend im Rahmen des Landeskonzeptes „Guter Start für Hamburgs Kinder" in allen sieben Bezirken eingesetzt. Alle Maßnahmen werden in das vorhandene System der Jugendhilfe und des Öffentlichen Gesundheitsdienstes integriert.[221]

Das Konzept besteht aus folgenden Kernelementen:

- Die regionalen Netzwerke, in denen Fachleute aus unterschiedlichen Einrichtungen und Berufsgruppen verbindlich zusammenarbeiten, werden weiterentwickelt.

- In allen Geburtskliniken klären die Babylotsen Hamburg den Bedarf an psychosozialer Unterstützung, motivieren die Familien zur Annahme von Hilfe und vermitteln sie an die wohnortnahen Familienteams beziehungsweise direkt an die passenden sozialräumlichen Hilfeangebote.

- Die multiprofessionellen regionalen Familienteams kooperieren verbindlich mit den Fachkräften des Öffentlichen Gesundheitsdienstes und betreuen und begleiten Familien mit kleinen Kindern oder vermitteln sie an andere geeignete Angebote im Stadtteil weiter.[222]

---

221 Nationales Zentrum Frühe Hilfen 2014, Seite 118.

222 Nationales Zentrum Frühe Hilfen 2014, Seite 118.

Dieses Konzept hat zur Folge, dass in der gesamten Stadt ein weitgehend einheitliches Angebot für die Zielgruppen besteht und insbesondere das Projekt Babylotsen stadtweit etabliert werden konnte[223].

Im Gegensatz zur dezentralen Konzeption, wie sie in Berlin vorgesehen und umgesetzt ist, ist es jedoch nur schwer möglich, individuell auf stadtteilbezogene Schwerpunkte und Handlungserfordernisse einzugehen.

b) Freie Hansestadt Bremen

Aufgrund einer bereits seit Anfang der 1980er Jahre andauernden Tradition des Einsatzes von Familienhebammen oder vergleichbaren Instrumenten liegt der Förderschwerpunkt in Bremen auf der Verstärkung und Verstetigung der Familienhebammeneinsätze. *„Die beratende, begleitende und aufsuchende Hilfe durch Familienhebammen [...] in unterschiedlichen niedrigschwelligen Angebotsformen wurde quantitativ verstärkt und qualitativ fortentwickelt"*[224]. Die Arbeit der Familienhebammen konnte durch die Festanstellung bei Gesundheitsämtern oder einer Stiftung strukturell gesichert werden.[225] Gleichwohl besteht in der Frage der Finanzierung sowie der rechtlichen Zuordnung von Familienhebammen an der Schnittstelle zum SGB V weiterer Klärungsbedarf.[226] Andere Handlungsfelder der Bundesinitiative sind demgegenüber nur nachrangig gefördert worden. So sind lediglich in einem Projekt zur Förderung von Ehrenamtsstrukturen Mittel der Bundesinitiative Netzwerke Frühe Hilfen und Familienhebammen verwendet worden.[227]

---

223 Nationales Zentrum Frühe Hilfen 2014, Seite 119.

224 Nationales Zentrum Frühe Hilfen 2014, Seite 115.

225 Nationales Zentrum Frühe Hilfen 2014, Seite 115.

226 Nationales Zentrum Frühe Hilfen 2014, Seite 116.

227 Nationales Zentrum Frühe Hilfen 2014, Seite 115.

In der Bewertung der Förderschwerpunkte regt die Freie Hansestadt Bremen folgerichtig eine flexiblere Gewichtung der Schwerpunkte nach landesspezifischen und lokalen Erfordernissen an und geht von weiterem erheblichem finanziellem Förderbedarf, der über die Förderung der Bundesinitiative hinausgeht, aus.[228]

In beiden Bundesländern – in Hamburg noch mehr als in Bremen – erscheint die Umsetzung der Bundesinitiative Netzwerke Frühe Hilfen und Familienhebammen stärker gesamtstädtisch organisiert zu sein als in Berlin.

---

228 Nationales Zentrum Frühe Hilfen 2014, Seite 116.

V Umsetzung der Bundesinitiative Netzwerke Frühe Hilfen und Familienhebammen im Berliner Bezirk Neukölln

1. Einbettung in die Neuköllner Präventionskette

Der Berliner Bezirk Neukölln begann 2010 mit der Entwicklung einer kommunalen Präventionsstrategie, die auf ein vernetztes Handeln aller im Jugend- und Gesundheitswesen relevanten Akteure des Bezirkes und darüber hinaus abzielt. Ziel ist es, mit einer abgestimmten, organisierten, strukturierten und ressortübergreifenden Form der Zusammenarbeit, die bereitgestellten Ressourcen zweckmäßig und effizient einzusetzen.[229] Die Schwerpunkte dieser Präventionsstrategie liegen laut dem im Jahr 2012 veröffentlichten Handlungsleitfaden zur Neuköllner Präventionskette auf den Übergängen zwischen den Lebensphasen in den frühen Lebensjahren der Kinder[230]. Langfristig sollen damit auch die Kosten für die Hilfen zur Erziehung (HzE) reduziert werden (siehe auch III 1.):[231] *„Nach und nach werden wir damit eine Konzeption umsetzen, die frühzeitiges Eingreifen fördert, in ihren Interventionen wirksam ist und durch die vollzogene Umverteilung auch die finanziellen Ressourcen schont."*[232]

Die Neuköllner Präventionsstrategie baut auf dem Gedanken auf, dass frühzeitige Unterstützung für Familien mit jungen Kindern spätere Fehlentwicklungen verhindern oder in ihren Auswirkungen abschwächen kann. Erkennbar liegt hier kein ausschließlicher Fokus auf der Verhinderung von Kindeswohlgefährdung im engeren Sinne, sondern in der Gewährleistung eines gesunden Aufwachsens für alle Kinder[233]:

---

229 Bezirksamt Neukölln von Berlin 2012, Seite 4.

230 Bezirksamt Neukölln von Berlin 2012, Seite 4.

231 Bezirksamt Neukölln von Berlin 2012, Seite 5 sowie 31.

232 Bezirksamt Neukölln von Berlin 2012, Seite 5.

233 Bezirksamt Neukölln von Berlin 2012, Seiten 9f., 23, 25.

„Im Grunde wissen wir es: Die ersten beiden Lebensjahre eines Kindes sind prägend für dessen gesamtes Leben. In dieser Zeit entwickeln sich die zentralen Grundmuster für soziale Beziehungen. Wer im Säuglingsalter Zuwendung und Sicherheit erfährt, kann sich später sehr viel besser den Herausforderungen des Lebens stellen, leichter Krisen bewältigen und auch selbst Vertrauen zu anderen Menschen entwickeln. Dies macht deutlich, wie wichtig eine rechtzeitige, frühe familiäre Präventionsarbeit – am besten schon in der Schwangerschaft – ist. Eine frühe Unterstützung der jungen und werdenden Familien bewahrt in den allermeisten Fällen die Kinder vor späteren negativen Entwicklungen."[234]

Erkennbar baut die Neuköllner Präventionsstrategie in Begrifflichkeiten und Zielen auf die vom NZFH vorgelegte Definition der Frühen Hilfen auf (siehe II 3.).[235] Die Bundesinitiative Netzwerke Frühe Hilfen und Familienhebammen ist daher in die bezirkliche Präventionsstrategie eingebunden und bildet den Schwerpunkt der Maßnahmen für Familien mit Kindern im Alter von null bis drei Jahren beziehungsweise während der Schwangerschaft.[236] Bekräftigt wird diese inhaltliche und organisatorische Verknüpfung durch die zur Verfügung gestellten finanziellen Ressourcen und die Stellenidentität der bezirklichen Präventionsbeauftragten und der Netzwerkkoordination der Bundesinitiative (zur Organisation und Finanzierung ausführlicher unter V 3. und 4.).

Die Neuköllner Präventionskette geht jedoch über den von der Bundesinitiative als Handlungsfeld definierten Altersbereich von null bis drei Jah-

---

234 Bezirksamt Neukölln von Berlin 2012, Seite 4.

235 Bezirksamt Neukölln von Berlin 2012, Seite 9f. mit explizitem Bezug auf das NZFH.

236 Ausführlicher zu den Vorteilen der Verknüpfung von Bundesinitiative und Präventionskette: Landesvereinigung für Gesundheit & Akademie für Sozialmedizin Niedersachsen e.V. 2013, Seite 52ff.

ren hinaus und betrachtet zunächst die Lebensabschnitte zwischen der Geburt und dem sechsten Lebensjahr.[237] Die Betrachtung weiterer Lebensabschnitte, die letztlich bis zur eigenen Elternschaft reichen sollen, ist vorgesehen.[238] Klar ist in diesem Zusammenhang aber auch, dass diese umfassende Betrachtung des gesunden Aufwachsens und Erwachsenwerdens nicht innerhalb weniger Jahre umzusetzen ist. Auf absehbare Zeit wird der Schwerpunkt auf den ersten Lebensjahren sowie der Schulzeit von Kindern und Jugendlichen liegen.

2. Strategische Ziele

Die bereits in Kapitel III geschilderten Problemlagen in der gesundheitlichen Entwicklung von Kindern in Neukölln wurden 2010 auf der 1. Neuköllner Gesundheitskonferenz einem breiten Fachpublikum vorgestellt. Die anschließende Diskussion sowie die Suche nach geeigneten Maßnahmen zur Verbesserung der gesundheitlichen Situation der Neuköllner Kinder führten dazu, sich den Frühen Hilfen und einer gezielten Prävention zuzuwenden.[239]

Eine daraufhin vom Bezirksamt Neukölln beauftragte Untersuchung kam nach der Erhebung der vorhandenen Angebote und deren Strukturen zu dem Ergebnis, dass zwar viele unterschiedliche Angebote für junge Familien vorhanden sind – es also nicht an der Masse fehlt – diese aber nicht oder nicht ausreichend miteinander vernetzt sind und daher keine lückenlose Unterstützung gewährleisten können.[240] Unter Berücksichtigung der Erfahrungen aus anderen Kommunen, insbesondere aus der Stadt Dormagen, wurden allgemeine Handlungsansätze entwickelt, die im Rahmen der 2.

---

237 Bezirksamt Neukölln von Berlin 2012, Seite 25.

238 Bezirksamt Neukölln von Berlin 2012, Seite 25.

239 Bezirksamt Neukölln von Berlin 2012, Seite 10.

240 Bezirksamt Neukölln von Berlin 2012, Seite 13. So auch der allgemeine Befund von Hensen / Rietmann 2008, Seite 49 sowie 51ff.

Neuköllner Gesundheitskonferenz im Dezember 2011 zu konkreten Vorschlägen ausgearbeitet wurden. Bereits zu diesem Zeitpunkt spielten Ersthausbesuche durch den KJGD, strategischer Netzwerkaufbau sowie eine Angebotsübersicht und die Einrichtung einer Koordinierungsstelle eine Rolle.[241] Die Vorbereitung der Umsetzung dieser und weiterer Erkenntnisse wurde innerhalb des Bezirksamtes in internen Workshops zur Organisationsentwicklung im Jahr 2012 vorangetrieben und die daraus folgenden zentralen Ideen und Vorstellungen im Rahmen der 1. Neuköllner Präventionskonferenz im August 2012 diskutiert.[242]

Das Ergebnis dieses über zwei Jahre andauernden Prozesses, an dem ein großer Teil der wesentlichen Akteure der Kinder- und Jugendhilfe sowie der Gesundheitsversorgung beteiligt waren, wurde in Form von drei strategischen Zielen zusammengefasst:

> *„Die drei strategischen Ziele, die gleichsam Leitbilder im Rahmen der Prozessentwicklung sind, lauten:*
>
> • *Kindergesundheit wird in Neukölln als gemeinsame öffentliche und gesellschaftliche Aufgabe verstanden.*
>
> • *Alle Eltern werden wertschätzend, achtsam, kulturspezifisch und kompetenzfördernd begleitet.*
>
> • *Netzwerke für frühe Förderung, Beratung und Fortbildung von Kindern, Eltern und Fachkräften sind in Neukölln aufgebaut."*[243]

Diese strategischen Ziele bilden bis heute die Grundlage und die Orientierung für die einzelnen Schritte in der Umsetzung der Neuköllner Präventionskette. Es ist durch die Verknüpfung der Bundesinitiative Netzwerke

---

241 Bezirksamt Neukölln von Berlin 2012, Seite 19f.

242 Bezirksamt Neukölln von Berlin 2012, Seite 20f.

243 Bezirksamt Neukölln von Berlin 2012, Seite 25.

Frühe Hilfen und Familienhebammen mit der Präventionskette gelungen, die Ziele der Bundesinitiative sowie die Maßnahmen zu deren Umsetzung in die Präventionskette zu integrieren. Dabei ist zu berücksichtigen, dass die Bundesinitiative sich in ihrer Zielsetzung sehr viel deutlicher an definierten Präventionsstufen orientiert und ihnen auch einzelne Maßnahmen zuweist. Eine solche Einteilung lässt sich an den strategischen Zielen der Neuköllner Präventionskette zunächst nicht erkennen. Obwohl die auch der Bundesinitiative zu Grunde liegende Definition der Frühen Hilfen erkennbar Eingang in den maßgeblichen Handlungsleitfaden zur Neuköllner Präventionskette gefunden hat, findet eine – grundsätzlich sinnvolle – Unterteilung in Primär- und Sekundärprävention in den strategischen Zielen nicht statt. Dem Wortlaut nach lassen sich die strategischen Ziele hingegen am ehesten der primären beziehungsweise universellen Prävention zuordnen, während die Benennung konkreter Risikofaktoren oder Zielgruppen hier außen vor bleibt.

Eine ausdrückliche Begründung für dieses Vorgehen liegt nicht vor. Vor dem Hintergrund des durchaus in der Entwicklung des Handlungsleitfadens berücksichtigten Forschungsstandes ist jedoch zu vermuten, dass die Formulierung in dieser Form absichtlich gewählt wurde und auf einen Konsens als Ergebnis des beschriebenen partizipativen Prozesses zurückgeht. Die vorliegenden strategischen Ziele erheben mithin nicht den Anspruch, den derzeitigen Forschungsstand vollumfänglich wiederzugeben, sondern sind vielmehr als Orientierung für Fachkräfte im täglichen Umgang mit der Strategie, gemeinsam ein gesundes Aufwachsen von Kindern in Neukölln zu ermöglichen, zu verstehen.

Bereits im Handlungsleitfaden zur Neuköllner Präventionskette wurden darüber hinaus acht Ziele benannt, die in verwaltungsinternen Workshops zur Konkretisierung und Operationalisierung der strategischen Ziele formuliert worden sind. Neben dem erforderlichen Netzwerkausbau und der ressortübergreifenden Zusammenarbeit der Fachkräfte der Abteilung Jugend und Gesundheit wird hier auch eine gelingende Gestaltung der Übergänge zwischen den Lebensphasen Schwangerschaft, Familie, Kita und Schule genannt.[244] An dieser Stelle findet sich auch der in den strategischen Zielen noch fehlende Hinweis auf Sekundärprävention, wenn das „*Schaffen eines tatsächlich gelingenden und frühzeitigen Zugangs zu den Familien, insbesondere in belasteten Lebenslagen*"[245] als Ziel formuliert wird.

Bemerkenswert sind die beiden letzten Ziele, die das „*Hinwirken auf stabile sozio-ökonomische Rahmenbedingungen der Familien*"[246] sowie die „*Schaffung einer kinder- und familienfreundlichen Umgebung*"[247] nennen. Diese – grundsätzlich zu begrüßenden – Ziele sind in ihrer unspezifischen Formulierung und ihrem allumfassenden Anspruch nur wenig für eine operative Umsetzung geeignet. Insbesondere das Ziel stabiler sozio-ökonomischer Rahmenbedingungen richtet sich erkennbar auf gesellschaftliche Faktoren wie zum Beispiel Arbeitslosigkeit, soziale Sicherungssysteme, Gesundheitsversorgung oder Verfügbarkeit von Wohnraum, die eine einzelne Kommune nicht oder nicht ausreichend beeinflussen kann.

Zur langfristigen Erreichung der strategischen Ziele wurden durch eine mit Führungskräften der Abteilung Jugend und Gesundheit des Bezirksamtes Neukölln besetzte Arbeitsgruppe zudem weitere detailliertere operative Ziele entwickelt, denen wiederum konkrete Maßnahmen zugeordnet sind. An diesen operativen Zielen ist eine Unterteilung nach Primär- und Sekundärprävention noch deutlicher erkennbar. Beispiele für operative Ziele, die der primären / universellen Prävention zugeordnet werden können, sind:

- Jedes Kind in Neukölln kann gesund aufwachsen.

- Der Wert einer gesunden Entwicklung von Kindern ist sämtlichen Akteuren vermittelt worden.

---

244 Bezirksamt Neukölln von Berlin 2012, Seite 35.

245 Bezirksamt Neukölln von Berlin 2012, Seite 35.

246 Bezirksamt Neukölln von Berlin 2012, Seite 35.

247 Bezirksamt Neukölln von Berlin 2012, Seite 35.

- Über ein Online-Portal sind sämtliche Angebote für Schwangere und Eltern von 0- bis 6-Jährigen für Eltern und Fachkräfte verfügbar.

Beispiele für operative Ziele, die der sekundären oder indizierten Prävention zugeordnet werden können sind:

- Die Kinderarmut im Bezirk nimmt stetig ab.

- Das Präventionsnetzwerk etabliert Maßnahmen für Kinder suchtkranker Eltern.

- Das Präventionsnetzwerk etabliert Maßnahmen für Kinder psychisch kranker Eltern.

- Ein interkulturelles Verständnis von Kindergesundheit ist bei den Akteuren vorhanden.

Weitere operative Ziele formulieren Ansprüche an den Ausbau der Tagesbetreuungsangebote, an erforderliche Fortbildungen der Fachkräfte sowie an die Kooperation der Akteure.

Dabei war bereits zu Beginn der Planungen klar, dass vor dem Hintergrund begrenzter Ressourcen nicht alle operativen Ziele oder Maßnahmen umgesetzt werden können. Insbesondere finanziell aufwendige Ziele, wie die Bereitstellung eines umfassenden Kinderbetreuungsangebotes für alle Familien, sind auf kommunaler Ebene erkennbar nicht zu lösen. Die Aufstellung hat daher vielmehr die Funktion, eine Übersicht zu schaffen und eine Auswahl beziehungsweise Prioritätensetzung zu ermöglichen. Wesentliche umgesetzte Maßnahmen werden in Kapitel V 5. vorgestellt.

Der Handlungsleitfaden zur Neuköllner Präventionskette wurde unter Berücksichtigung der bestehenden strategischen Ziele im Laufe des Jahres 2015 weiterentwickelt, um auch die sich anschließende Lebensphase und den Übergang von der Kita in die Schule zu berücksichtigen. Der Zweite

Neuköllner Handlungsleitfaden ist seit Anfang 2016 verfügbar und bezieht auch die Ergebnisse der 5. Neuköllner Präventionskonferenz in die weiteren Handlungsschritte ein.

3. Organisatorische Rahmenbedingungen

Die Umsetzung der Ziele der Neuköllner Präventionskette sowie der Bundesinitiative Netzwerke Frühe Hilfen und Familienhebammen ist ein komplexes Vorhaben, das auch aufgrund seines Modellcharakters sowie der organisatorischen Rahmenbedingungen einen hohen Aufwand verursacht. Die allgemeine Haushaltslage des Landes Berlin, die steigenden Kosten für Hilfen zur Erziehung (s.o. III 1.) sowie die bestehenden Strukturen im Kinder- und Jugendhilfesystem und im Gesundheitssystem erlauben dabei nur wenig Spielraum in der Umsetzung neuer Ideen oder Ansätze. Die grundsätzlich zu begrüßende Kontinuität, die gewachsene Verwaltungsstrukturen unabhängig vom Wechsel der politischen Führung bieten, kann sich im Einzelfall zusätzlich als erschwerend oder hinderlich erweisen. Das betrifft umso mehr Projekte, die erhebliche finanzielle Mittel binden, ohne eine unmittelbare und kurzfristige Wirkung vorweisen zu können, wie es bei Frühen Hilfen der Fall ist. Neben der notwendigen – aber nicht unbedingt hinreichenden – politischen Unterstützung ist daher auch eine kluge Verortung der umsetzenden Stelle im organisatorischen Gefüge der bestehenden Strukturen erforderlich.

a) Präventionsbeauftragte

Im Berliner Bezirk Neukölln sind für die Umsetzung der Präventionsstrategie zwei Präventionsbeauftragte vorgesehen. Deren Aufgaben, die sich weitgehend mit den Aufgaben der Netzwerkkoordination der Bundesinitiative Netzwerke Frühe Hilfen und Familienhebammen decken, sind:

- Aufbau und Pflege eines interdisziplinären kommunalen Netzwerkes,

- Planung, Koordinierung und Umsetzung von Aktivitäten der Frühen Hilfen im Bezirk,

- Entwicklung von Strategien und Konzepten, um die Angebotsstruktur zu verbessern,

- Information von und Beteiligung in Ausschüssen und Gremien und

- Entwicklung von Qualitätsstandards und deren Umsetzung.[248]

Der erste Präventionsbeauftragte hat seine Arbeit bereits im Dezember 2012 aufgenommen und bis Mai 2014 den gesamten Aufgabenbereich wahrgenommen. Von Mai 2014 bis März 2016 war eine weitere Präventionsbeauftragte im Dienst. Die freigewordene Stelle wird derzeit nachbesetzt.

Um die Akzeptanz dieser für die Präventionsstrategie zentralen Stelle sowohl von Seiten des Jugend- als auch des Gesundheitsamtes sicherzustellen, sind die Präventionsbeauftragten als Teil der Stabsstelle Planungs- und Koordinierungsstelle Gesundheit ämterübergreifend verortet. Innerhalb der Stabsstelle sind sie zudem in ein Arbeitsumfeld eingebunden, das aufgrund der Nähe zu angrenzenden Arbeitsgebieten von hoher Fachkompetenz in Gesundheitsthemen und Erfahrungen im Netzwerkauf- und ausbau verfügt. So ist neben der Psychiatrie- und der Suchthilfekoordination auch die allgemeine Gesundheitsförderung und die Gesundheits- und Sozialberichterstattung in der Stabsstelle angesiedelt. Die Stabsstelle übt die Dienst- und Fachaufsicht über die beiden Präventionsbeauftragten aus.

In anderen Berliner Bezirken ist die Netzwerkkoordination zumeist mit jeweils einer halben Stelle auf Jugend- und Gesundheitsamt aufgeteilt. Oft erfüllen die Netzwerkkoordinatorinnen ihre Aufgabe neben anderen fachlichen und operativen Aufgaben im Jugend- oder Gesundheitsamt. Gleichzei-

---

248 Bezirksamt Neukölln von Berlin 2012, Seite 27f.

tig sind Entscheidungswege länger und Entscheidungskosten höher, wenn die politische Führung von verschiedenen Abteilungen zu beteiligen ist.

Aufgrund der umfassenden Einbindung der Bundesinitiative Netzwerke Frühe Hilfen und Familienhebammen in die bezirkliche Präventionsstrategie liegen für die Präventionsbeauftragten auch Anforderungsprofile und Beschreibungen des Aufgabenkreises für die Tätigkeiten im Rahmen der Bundesinitiative vor. Dies ist in den Berliner Bezirken nicht die Regel, da die Aufgaben der Netzwerkkoordinatorinnen in vielen Fällen an bereits vorhandene aber größtenteils sachfremde Aufgabengebiete - teilweise mit sehr starken operativen Bezügen – angeknüpft worden sind. Das Neuköllner Modell kann insofern zu einer Professionalisierung und Spezialisierung beitragen.

Als weiterer wesentlicher Aspekt der organisatorischen Unterstützung der Arbeit der Präventionsbeauftragten ist darüber hinaus die Einrichtung der „Koordinierungsstelle Präventionskette" zu sehen. Diese mit Vertretern der Stabsstelle, der Familienförderung des Jugendamtes, des Kinder- und Jugendgesundheitsdienstes und beider Präventionsbeauftragten interdisziplinär besetzte Runde übt die fachlich-inhaltliche Steuerung der Präventionsbeauftragten aus. Hier werden die wesentlichen Entscheidungen bezüglich neuer Maßnahmen und Projekte getroffen sowie Veranstaltungen konzeptioniert, vorbereitet und umgesetzt.

b) Verhältnis zur Linienstruktur

Die organisatorische Anbindung an eine Stabsstelle hat den Vorteil, dass unabhängig von kulturellen, fachlichen oder organisatorischen Vorgaben seitens der beteiligten Ämter operiert werden kann. Sie vereinfacht auch die Kommunikation und Kooperation der Präventionsbeauftragten mit Jugend- und Gesundheitsamt, da keine der beteiligten Organisation eine Vereinnahmung oder einseitige Parteinahme durch einen gegebenenfalls aufgrund von organisatorischen Zwängen voreingenommenen Akteur befürchten muss. Auch die Entscheidung, einen Präventionsbeauftragten von außerhalb, also ohne berufliche Vorgeschichte in einem der beiden Ämter, einzusetzen, trug zu Beginn des Prozesses zu einer gelingenden Kooperation bei. Letztlich trägt die enge Anbindung an die politische Ebene auch zur Durchsetzungsfähigkeit sowie zur schnellen und sachgerechten Kommunikation bei und verringert Entscheidungskosten.[249] Eine Ende 2015 fertiggestellte Evaluation der Umsetzung der Bundesinitiative Frühe Hilfen kommt ebenfalls zu dem Schluss, dass eine ämterübergreifende Steuerungsrunde sowie eine übergreifende Stabsstelle als förderliche strukturelle Rahmenbedingungen zu erkennen sind.[250]

Die Anbindung der wesentlichen Planungs- und Koordinationselemente der Neuköllner Präventionskette außerhalb der Linienstruktur führen jedoch auch zu strukturellen Herausforderungen. So können die durch die Koordinierungsstelle Präventionskette zunächst modellhaft umgesetzten Maßnahmen der Präventionskette mittel- und langfristig nur erfolgreich sein, wenn deren operative Umsetzung vollständig in die Regelstrukturen, also in die Linienorganisation, integriert wird. Neben der damit verbundenen Überführung aus der Projekt- in die Regelfinanzierung ist dies auch erforderlich, um die als sinnvoll und hilfreich erkannten Maßnahmen langfristig in der Verwaltungskultur zu verankern und zu einem selbstverständlichen Bestandteil der bezirklichen Unterstützungsleistungen werden zu lassen. Mit Ausnahmen gilt das zwar auch für die Pflege von bereits aufgebauten Netzwerken und Kooperationen – insbesondere in hochspezialisierten fachlichen Bereichen. Die Netzwerkkoordination sowie der Aufbau neuer Netzwerke sollten mittel- und langfristig jedoch im Aufgabenbereich der Präventionsbeauftragten verbleiben, um Fachdienste zu entlasten und inhaltlichen Gestaltungsspielraum zu nutzen.

---

249 Zu den unterschiedlichen Lösungen bezüglich der Frage der Verortung siehe auch Landesvereinigung für Gesundheit & Akademie für Sozialmedizin Niedersachsen e.V. 2013, Seite 28ff.

250 Prognos AG, Seite 86f.

Für die Eingliederung erfolgreicher Maßnahmen in die Linienorganisation spricht ein weiterer Gedanke. Die Neuköllner Präventionskette war zu Beginn des Prozesses in erster Linie eine politische Initiative. Ausgehend vom damaligen Stadtrat für Gesundheit und Bürgerdienste, der seit 2011 Stadtrat für Jugend und Gesundheit ist, ist die Entwicklung der Präventionsstrategie 2010 begonnen worden. Wesentlich für diese Entwicklung und erklärtes politisches Ziel war auch die nach der Wahl zum Berliner Abgeordnetenhaus sowie der zeitgleich stattfindenden Wahlen zu den Bezirksverordnetenversammlungen 2011 erfolgte Zusammenlegung des Jugend- und des Gesundheitsamtes in eine Abteilung. Zur Vernetzung beider Ämter war die Beauftragung der Stabsstelle Planungs- und Koordinierungsstelle Gesundheit mit der Umsetzung der Präventionsstrategie die richtige Entscheidung. Gleichzeitig wird deutlich, dass die Neuköllner Präventionsstrategie in hohem Maße von der politischen Führung abhängig ist. Eine davon abweichende politische Schwerpunktsetzung nach einer zukünftigen Wahl ist daher grundsätzlich geeignet, die Maßnahmen der Präventionskette zu gefährden oder ganz einzustellen, solange sie nicht in Regelstrukturen überführt sind. Zwar können auch regelhafte Angebote der einzelnen Fachdienste politischem Zugriff unterliegen. Sie sind jedoch erkennbar nicht in diesem Maße gefährdet wie projekt- oder modellhafte Initiativen, die aufgrund organisatorischer Nähe von direktem Zugriff auf Personal- und Finanzressourcen durch die Politik betroffen sein können.

Mit Inkrafttreten des bezirklichen Haushaltsplanes für den Doppelhaushalt 2016/2017 konnten sowohl das Begrüßungspaket als auch die Schreibabyambulanz in die Linienstrukturen des Kinder- und Jugendgesundheitsdienstes überführt und so mittel- und langfristig als Regelangebot gesichert werden. Neben den finanziellen Ressourcen für diese Maßnahmen wurde auch die fachlich-inhaltliche Verantwortung übergeben.

c) Familienhebammenkoordination

Die operative Koordination der Einsätze (Entscheidung über Unterstützungsbeginn und -ende, Fallbesprechungen) der durch die Bundesinitiative

Netzwerke Frühe Hilfen und Familienhebammen beschäftigten Familienhebammen wird in Neukölln von einer sozialpädagogischen Fachkraft im Kinder- und Jugendgesundheitsdienst wahrgenommen. Lediglich die strategische Koordination (Bedarfsermittlung, Finanzierung, Konzeption) liegt bei der Netzwerkkoordination beziehungsweise den Präventionsbeauftragten. Neukölln und ein weiterer Bezirk sind die einzigen, die für die operative Koordination eine weitere Stelle zur Verfügung stellen. Die Familienhebammeneinsätze in allen anderen Bezirken werden – wie von der Bundesinitiative grundsätzlich auch vorgesehen – von den Netzwerkkoordinatorinnen oder von freien Trägern koordiniert. Diese abweichende Aufgabenverteilung ist vor allem durch eine – der Bundesinitiative vorhergehende – Vereinbarung zum Angebot von Familienhebammenleistungen begründet.

In Neukölln wurden bereits vor dem Beginn der Bundesinitiative Familienhebammen eingesetzt. Auf der Grundlage einer Kooperationsvereinbarung mit der Stiftung „Eine Chance für Kinder" vom 14. April 2011 arbeiteten zwischen dem 01. Mai 2011 und dem 30. April 2014 zwei Familienhebammen mit insgesamt bis zu 30 Wochenstunden in Neukölln. Im Rahmen dieser Kooperationsvereinbarung war bereits geregelt, dass das Bezirksamt Neukölln eine halbe Stelle einer sozialpädagogischen Fachkraft für die Koordination der Familienhebammen zur Verfügung stellt. Vor dem Hintergrund des hohen Arbeitsaufwandes für eine effektive Koordination der Familienhebammeneinsätze sowie der erforderlichen fachlichen Qualifikation war die Beibehaltung dieser Stelle als Familienhebammenkoordination auch nach Auslaufen des Kooperationsvertrages sinnvoll. Zudem hat der zu diesem Zeitpunkt allein tätige Präventionsbeauftragte keine sozialpädagogische, sondern eine verwaltungswissenschaftliche Ausbildung und war daher für diese Tätigkeit nicht qualifiziert. Zwar wäre eine Übernahme der Koordinationstätigkeit durch die zweite Präventionsbeauftragte – die sowohl sozialpädagogisch ausgebildet ist, als auch bereits im Jugendamt eingesetzt war – fachlich möglich gewesen. Drei weitere Erwägungen sprachen jedoch grundsätzlich gegen eine operative Koordination der Familienhebammen durch die Netzwerkkoordinstion beziehungsweise die Präventionsbeauftragten.

Zum einen gehen die von den Präventionsbeauftragten zu erfüllenden Aufgaben über die Anforderungen an die Netzwerkkoordination der Bundesinitiative hinaus, da die Neuköllner Präventionsstrategie nicht nur die Lebensphase null bis drei Jahre, sondern auch darüber hinausgehende Lebensphasen betrachtet. Aufgrund der politischen Schwerpunktsetzung kommen weitere Aufgaben hinzu, sodass eine zusätzliche Belastung durch operative Aufgaben vermieden werden sollte. Zum anderen ist die mit der Koordination der Familienhebammen beauftragte Fachkraft aufgrund der beruflichen Erfahrungen weitaus besser für diese Tätigkeit qualifiziert, da sie bereits an der Ausbildung von Familienhebammen beteiligt war. Insofern wäre grundsätzlich mit der Gefahr eines Qualitätsverlustes der Koordination zu rechnen gewesen, hätte an dieser Stelle ein Personalwechsel stattgefunden. Letztlich ist die fachlich-inhaltliche Anbindung an den Kinder- und Jugendgesundheitsdienst und die damit einhergehende enge Verknüpfung mit den regelmäßig stattfindenden Ersthausbesuchen auch aus organisatorischer Sicht sinnvoll und erfolgreich (siehe auch, V 3. b)). [251]

d) Landeskoordinierungs- und Servicestelle Netzwerke Frühe Hilfen Berlin

Die Landeskoordinierungs- und Servicestelle Netzwerke Frühe Hilfen Berlin (LKS) ist eine von der Senatsverwaltung für Bildung, Jugend und Wissenschaft eingerichtete Stelle zur Unterstützung der bezirklichen Netzwerkkoordinatorinnen sowie zur Koordination der gesamtstädtischen Umsetzung der Bundesinitiative Netzwerke Frühe Hilfen und Familienhebammen. Sie nimmt damit die Aufgaben der in Artikel 5 der Verwaltungsvereinbarung über die Umsetzung der Bundesinitiative vorgesehene Koordinierungsstelle[252] wahr.

Gemeinsam mit der Alice-Salomon-Hochschule und der Senatsverwaltung für Bildung, Jugend und Wissenschaft entscheidet die LKS über die Durchführung der Kurse zur Ausbildung von Familienhebammen. Zudem

---

251 So auch Hartmann im Tagesspiegelinterview vom 04. Oktober 2014.

252 Bundesministerium für Familie, Senioren, Frauen und Jugend 2012, Seite 8.

wird die Qualifikation und Supervision von Familienhebammen und Netzwerkkoordinatorinnen von der LKS verantwortet. Ein wesentlicher Bestandteil ist auch die Sicherstellung der Kommunikation zwischen den zuständigen Senatsverwaltungen auf Landesebene und den bezirklichen Netzwerkkoordinatorinnen.

Die LKS organisiert jährlich einen landesweiten Fachtag zu aktuellen Fragen und den Stand der Umsetzung der Bundesinitiative und der Frühen Hilfen in Berlin.

Die LKS ist jedoch auch über den formalen Auftrag der Verwaltungsvereinbarung hinaus ein wichtiger Partner in den Frühen Hilfen und der Neuköllner Präventionskette. So ist der von der LKS angestoßene und umgesetzte Informationsfluss zwischen den Bezirken, aber auch von Bundes- oder Landesebene in die Bezirke, wesentlich für eine erfolgreiche Aufgabenerfüllung. Wünschenswert wäre darüber hinaus eine deutlichere und dringlicher formulierte Kommunikation der bezirklichen Anliegen an Bundes- und Landesebene.

Mit dem ursprünglich vorgesehenen Ende der Bundesinitiative Frühe Hilfen Ende 2015 wurde die LKS aufgelöst. Die Aufgaben der LKS übernimmt seitdem ein personell verstärktes Referat der Senatsverwaltung für Jugend, Bildung und Wissenschaft.

4. Finanzielle Rahmenbedingungen

Die Neuköllner Präventionskette wird von Seiten des Bezirks Neukölln jährlich mit 100.000 Euro im Bezirkshaushalt finanziert. Hinzu kommt eine aus dem Bezirkshaushalt finanzierte Personalstelle, die mit A10 bewertet ist. Der damit einhergehende finanzielle Aufwand lässt sich kursorisch mit den für Wirtschaftlichkeitsberechnungen üblichen Personaldurchschnittssätzen, die von der Senatsverwaltung für Finanzen berechnet werden, einschätzen.

Demnach beträgt der Personaldurchschnittssatz für die Besoldungsgruppe A10 in den Bezirken 40.860 Euro[253] jährlich zuzüglich Ausgaben für Beihilfe und Arbeitsmaterial. Die zweite Präventionsbeauftragte wird derzeit vollständig aus den zur Verfügung stehenden Mitteln für die Netzwerkkoordination der Bundesinitiative Netzwerke Frühe Hilfen und Familienhebammen finanziert. Grundsätzlich ist jedoch auch für die zweite Stelle eine bezirkliche Finanzierung vorgesehen.[254]

Einen wesentlichen Beitrag zur Finanzierung der Maßnahmen zum Netzwerkausbau und der Förderung des gesunden Aufwachsens leistet die Bundesinitiative Netzwerke Frühe Hilfen und Familienhebammen. Die zur Verfügung gestellten Mittel dürfen jedoch nur für den Altersbereich von der Schwangerschaft bis zum dritten Lebensjahr verwendet werden. Aufgrund des finanziellen Umfangs ist die Bedeutung dieser finanziellen Förderung durch das Bundesministerium erheblich. Wesentliche Projekte der Frühen Hilfen hätten ohne die Bundesinitiative nicht begonnen werden können und können ohne sie auch kurzfristig und mittelfristig nicht fortgesetzt werden. Vor diesem Hintergrund ist die Sicherung der Kontinuität der Mittelzuweisung durch den Bund seit Beginn der Bundesinitiative und insbesondere im Jahr 2015 von zentraler Bedeutung für alle Akteure der Frühen Hilfen in Berlin. Die vorgesehene Sicherstellung der Netzwerke Frühe Hilfen nach Ablauf der Bundesinitiative mit Hilfe eines Fonds[255] war dazu zwar inhaltlich geeignet, ist jedoch aufgrund verfassungsrechtlicher Bedenken gescheitert. Im Rahmen der Beratungen von Bund und Ländern über die Fortsetzung der Beteiligung des Bundes an den Frühen Hilfen ist klar geworden, dass von beiden Seiten eine hohe Bereitschaft zur Fortführung der finanziellen Unterstützung der Kommunen besteht. Auf Grundlage der nunmehr beschlossenen Fortsetzung der Bundesinitiative bis Ende 2017 sowie der daran anschließenden Bereitstellung der Mittel über eine Stiftung erscheint das Engagement des Bundes für die Frühen Hilfen langfristig gesichert.

---

253 Senatsverwaltung für Finanzen, Tabelle 2.

254 Bezirksamt Neukölln von Berlin 2012, Seite 32.

255 § 3 Absatz 4 Satz 3 KKG.

Ein Ausbleiben der finanziellen Förderung hätte das Ende fast aller in den letzten Jahren etablierten Maßnahmen und Unterstützungsleistungen zur Folge. Dies gilt umso mehr, da nach einer bundespolitischen Entscheidung über die Mittel erst im Sommer oder Herbst 2015 kaum noch eine Möglichkeit zur kurzfristigen Anpassung der bezirklichen Haushalte gegeben wäre, selbst wenn unterstellt wird, dass weitere finanzielle Mittel für diesen Zweck in den Bezirken oder im Land grundsätzlich verfügbar seien.

Problematisch kann jedoch weiterhin auch die Zuweisung der Mittel an die Länder und die Bezirke durch den Bund sein. So sind die Haushaltsmittel für das Jahr 2014 aufgrund umfangreicher Abstimmungen und Verwaltungsabläufe durch mehrere verschiedene Ebenen erst im März 2014 in den Bezirken verfügbar gewesen. Eine Sicherstellung der Fortführung der im Jahr 2013 begonnenen Projekte war daher nur unter großen Zugeständnissen und Vorleistungen der Projektträger möglich. Hinzu kommt das Fehlen einer festen Finanzierungszusage von Seiten des Bundesministeriums an die Bezirke. Über die Höhe der verfügbaren Mittel besteht mithin erst direkt bei Mitteleingang Gewissheit. Eine frühzeitigere verbindliche Information könnte hingegen auch Spielraum für die Haushälter der Bezirke schaffen, um zur Finanzierung von Maßnahmen in Vorleistung zu gehen. Gleichzeitig könnten dadurch gegebenenfalls abzuschließende Leistungsverträge bereits rechtzeitig vor Beginn des Haushaltsjahres geschlossen werden und dadurch Kontinuität und die Sicherstellung einer verlässlichen Arbeitsgrundlage signalisiert werden.

An dieser Problematik hat sich auch in den Jahren 2015 und 2016 nichts geändert. So sind die Mittel für 2016 erst Ende Februar in Neukölln verfügbar. Hinzu kommt, dass nur die Mittel für das erste Halbjahr verfügbar sind, wobei der Restbetrag für das zweite Halbjahr erst in der Jahresmitte freigegeben werden soll.

Hinsichtlich der bezirklichen Haushaltsmittel für die Neuköllner Präventionsstrategie ist zu bemerken, dass die grundsätzlich übliche Praxis des

Vorhaltens pauschaler Einsparbeträge für das Ausgleichen von unerwarteten Mehrausgaben in anderen Bereichen – insbesondere der schwer zu kontrollierenden Hilfen zur Erziehung – zwar nachvollziehbar ist, aber vor dem Hintergrund der auch politisch gewollten Schwerpunktverlagerung von Intervention nach Prävention ein falsches politisches Signal darstellt. Die Mittel für Prävention sollten auch vor dem Hintergrund der vorgestellten Kostenentwicklung davon grundsätzlich ausgenommen sein. Gleichzeitig ist festzuhalten, dass trotz einer zunächst erfolgten Festsetzung von Mitteln der Präventionskette in den letzten Jahren tatsächlich keine Mittel der Präventionskette für das Ausgleichen von Mehrausgaben in anderen Bereichen verwendet werden mussten.

5. Umgesetzte Maßnahmen

Im Folgenden werden ausgewählte Maßnahmen, die im Rahmen der Bundesinitiative Netzwerke Frühe Hilfen und Familienhebammen und der Neuköllner Präventionsstrategie umgesetzt wurden, kurz dargestellt. Neben einer der Definition von Frühen Hilfen folgenden Einteilung in primäre und sekundäre Prävention soll auch ein kurzer Überblick über die sehr umfangreichen Aktivitäten zur Kommunikation der Ziele und Angebote der Präventionskette in die (Fach-)Öffentlichkeit gegeben werden.

Der regelmäßig stattfindende „Jour fixe Kinderschutz", der ebenfalls im Rahmen der Neuköllner Präventionskette erarbeitet wurde, findet hier keine weitere Berücksichtigung, da er größtenteils der tertiären Prävention zuzuordnen ist. Im Rahmen dieser Treffen sollen vor allem niedergelassene Kinderärzte und andere Beteiligte aus dem Jugend- und Gesundheitsbereich in das Netzwerk Kinderschutz eingebunden und informiert werden. Schwerpunkt ist das Erkennen von Kindeswohlgefährdung und die richtige Reaktion in solchen Fällen.

Eine Evaluation der Maßnahmen steht in den allermeisten Fällen noch aus. Eine umfangreiche wissenschaftliche Evaluation soll im Laufe des Jahres 2015 vorbereitet und 2016 abgeschlossen werden. Diese Planungen sind aufgrund nicht zur Verfügung stehenden Haushaltsmittel sowie nicht ausreichender Kooperationsmöglichkeiten mit Hochschulen bisher nicht umgesetzt, sodass mit dem Abschluss eine Evaluation nicht mehr im Jahr 2016 gerechnet werden kann. Die wenigen vorhandenen Einschätzungen zu Zweckmäßigkeit und Erfolg der hier vorgestellten Maßnahmen basieren daher weitgehend auf subjektiven Erfahrungen von betroffenen Akteuren.

a) Primärprävention

1. Ersthausbesuche / Begrüßungspaket

Die Durchführung von Hausbesuchen bei Familien mit Neugeborenen geht weder auf die Bundesinitiative noch auf die Neuköllner Präventionskette zurück, sondern hat seine Grundlage im Berliner Kinderschutzgesetz (siehe III 3. b)). Die Hausbesuche sind jedoch eines der wesentlichen Instrumente der Präventionsstrategie und wurden in diesem Zusammenhang genutzt und ausgebaut. Zudem gehen die Angebote über die gesetzliche Vorgabe hinaus, da den Neuköllner Familien bei jeder Geburt ein Besuch angeboten wird und nicht nur bei dem ersten Kind.

Die in diesem Bereich umgesetzten Maßnahmen dienen mit der Etablierung einer Willkommenskultur sowie der Verbesserung des Bildes von Jugend- und Gesundheitsamt in der Bevölkerung in erster Linie dem strategischen Ziel der wertschätzenden Begleitung aller Eltern. So erhalten die Neuköllner Familien seit 2013 zur Ankündigung des Hausbesuches eine eigens für diesen Zweck gestaltete Glückwunschkarte mit der Nennung eines persönlichen Ansprechpartners anstatt eines – oft als unpersönlich und dem Anlass unangemessen empfundenen – Briefes von der Verwaltung. Zusätzlich erhalten Neuköllner Familien während des Hausbesuches ein sogenanntes Begrüßungspaket – das tatsächlich ein Beutel ist – mit Informationsmaterial über Kindergesundheit und Entwicklungsphasen sowie kleinen Aufmerksamkeiten für die Eltern und das Kind. Neben einem Rauchmelder sind derzeit ein Nuckeltuch, Warenproben eines Stillbedarfherstellers, eine CD mit Kinderliedern sowie dazu passendem Liederbuch und ein Schlafthermometer, das die richtige Temperatur im Babybett anzeigt, im Begrüßungspaket enthalten. Die teilweise aus Spenden finanzierten Geschenke bieten neben einem wertschätzenden Zugangsweg zu den Familien auch gute Anknüpfungspunkte um über wichtige Themen im jungen Kindesalter, wie beispielsweise Risiken und Vorsorgemaßnahmen gegen den plötzlichen Kindstod, zu sprechen.

Ziel des Hausbesuches ist grundsätzlich die Information der Eltern. Die Hausbesuche haben insofern keine Kontrollfunktion.[256]

Es ist davon auszugehen, dass die Effekte von Hausbesuchen bezüglich der Vorbeugung von Kindeswohlgefährdung, aber auch hinsichtlich der gesundheitlichen Entwicklung von Kindern nicht messbar sind[257]. Die mit der Durchführung der Hausbesuche beauftragten Sozialpädagogen des KJGD begrüßen diese Maßnahmen jedoch ausdrücklich und berichten übereinstimmend von einem erleichterten Zugang zu den besuchten Familien. Das Begrüßungspaket wird demnach auch von den Familien gerne angenommen und kann zu der Entwicklung einer Willkommenskultur sowie zur universellen Prävention beitragen.

2. Neuköllner Familiengutschein

Die Nutzung von bestehenden Unterstützungsangeboten durch junge Familien ist ein wesentlicher Aspekt in der Prävention negativer Entwicklungen im frühen Kindesalter. Die dargestellten Ergebnisse der Schuleingangsuntersuchungen (siehe III 2.) lassen jedoch den Schluss zu, dass die in Neukölln vorhandenen Einrichtungen und Kurse zur Familienbildung nicht in ausreichendem Maße genutzt werden. Gründe dafür können unter ande-

---

256 Zur Problematik des ungerechtfertigten Grundrechtseingriffes bei Kontrollbesuchen siehe Meysen / Eschelbach, Seite 57f.

257 Meysen / Eschelbach, Seite 58.

rem fehlende Kenntnis von diesen Angeboten, fehlende finanzielle Mittel oder fehlender Anreiz für die Nutzung der Angebote sein. Hier setzt der Familiengutschein an. Der Familiengutschein weist die jungen Familien auf bestehende Angebote hin und versetzt auch sozial schwächere Familien in die Lage, kostenpflichtige Angebote wahrzunehmen. Er verringert damit die Hürden für die Inanspruchnahme der für viele Familien und Kinder wichtigen Unterstützungsleistungen und trägt durch Verbesserung der Effektivität und Reichweite bestehender Angebote direkt zur Prävention bei. Angebote im Familiengutschein sind beispielsweise Babymassage, Ernährungsberatung oder Erste-Hilfe-Kurse. Der Familiengutschein ist dabei ein Element der primären Prävention, da ihn alle Familien in Neukölln bereits mit dem Begrüßungsschreiben des KJGD zugesendet bekommen. Eine Auswahl der gutscheinberechtigten Personen anhand sozialer Kriterien, wie es in anderen Berliner Bezirken mit abweichenden Konzepten durchgeführt wird, findet nicht statt.

Die Nutzung des Familiengutscheines dient unter anderem:

- der Förderung der Erziehungskompetenz der Eltern,

- der Anleitung der Eltern zur altersgerechten Förderung ihrer Kinder,

- der Stärkung der Eltern-Kind-Beziehung (emotional-soziale Entwicklung) und

- der Gesundheitsförderung und Gesundheitsvorsorge.

Im Haushaltsjahr 2013 standen für den Neuköllner Familiengutschein 20.000 Euro, im Jahr 2014 32.000 Euro aus der Bundesinitiative Netzwerke Frühe Hilfen und Familienhebammen zur Verfügung. In den Jahren 2015 und 2016 standen für den Familiengutschein knapp 24.000 Euro zur Verfügung. Die Verringerung der Mittel ist mit dem Wegfall eines Standortes zu begründen, der wegen erforderlicher Renovierungsarbeiten nicht mehr zur Verfügung steht. Die Evaluation dieser Maßnahme hat – auch mit Blick auf ähnliche Konzepte in anderen Berliner Bezirken – hohe Priorität. Dazu wird ein bezirksübergreifendes Evaluationsprojekt angestrebt.

3. Datenbank / App

Die Anwendung für mobile Endgeräte bietet einen Überblick über die zur Verfügung stehenden Unterstützungsangebote für Schwangere und junge Familien mit Kindern im Alter zwischen null und sechs Jahren. Sie bündelt die verfügbaren Informationen und bietet die Möglichkeit, die ansonsten unübersichtliche Angebotslandschaft auf einer Karte anhand der eigenen Bedarfe zu überblicken. Die App soll unter anderem Hürden bei der Wahrnehmung der vielfältigen Angebote im Bereich der Frühen Hilfen und darüber hinaus verringern helfen.

Die dazugehörige webbasierte Datenbank bietet die gleiche Funktionalität für nicht mobilen Internetzugang und soll zusätzlich als Steuerungsinstrument für die Verwaltung dienen.

Mobilfunkgeräte und Apps sind ein modernes Kommunikationsmedium. Mittlerweile verdrängt das Format App die Nutzung des Browsers auf Mobilgeräten. Durch die Bereitstellung des Informationsangebotes rund um die Präventionskette Neukölln als App wird dieser Trend aufgegriffen und bewusst genutzt um eine breite Bevölkerungsgruppe zielgruppengerecht zu erreichen. Die App fasst die im Rahmen einer telefonischen Gesamterhebung zusammengefassten Anbieter, deren Angebote sowie weitere relevante Themen zusammen und stellt eine tagesaktuelle Übersicht und Schnittstelle zu diesen Angeboten bereit. Das Bezirksamt Neukölln verwaltet die Angebote der Präventionskette in einer webbasierten Sachdatenverwaltung, in welche Anbieter ihre Angebote selbsttätig einstellen und aktualisieren können. Bei Neustart und in festgelegten zeitlichen Abständen lädt die App diese Angebotsinhalte über einen Webservice aus dieser Datenbank. Dadurch wird sichergestellt, dass immer aktuelle Angebote und Anbieterinformationen präsentiert werden. Die App ermöglicht neben einer Personalisierung durch das Eintragen der eigenen Kinder zudem die verschiedenen Inhalte (zum Beispiel Angebote, Informationen und Termine für junge Familien) zu markieren und in eine Favoritenliste aufzunehmen.

Durch die Möglichkeit der direkten Kontaktaufnahme aus der App heraus (zum Beispiel per Email, SMS, Telefon) und die Möglichkeit, Angebote auch in sozialen Medien (zum Beispiel Facebook, Twitter) zu teilen, bietet die App zum einen den direkten Kontakt zu den Angeboten, den Anbietern sowie Mitarbeitern in verschiedenen Ämtern, und ermöglicht zum anderen den Austausch mit dem sozialen Netzwerk der Benutzer.

Neben der Information der Familien soll die Datenbank zukünftig auch von Fachkräften des Bezirksamtes Neukölln genutzt werden, um einen Überblick über die verfügbaren Angebote zu erhalten sowie um dezentral gespeichertes Wissen über Angebote und Anbieter zentral zur Verfügung zu stellen. Die Datenbank trägt mithin zur Vernetzung der Fachkräfte bei.

Datenbank und App wurden in Kooperation mit zwei privaten Anbietern entwickelt und stützen sich dabei auf bereits vorhandene Softwarelösungen der Berliner Verwaltung. So werden im Rahmen eines Kooperationsvertrages sowohl die Kartensoftware als auch die Server der Berlin Partner für Wirtschaft und Technologie GmbH verwendet.

Die App hat bereits seit den ersten Planungen Anerkennung aus Fachkreisen erhalten. So fand sie bereits – noch als Konzeption eingereicht – beim App-Wettbewerb unter der Schirmherrschaft der Beauftragten der Bundesregierung für Informationstechnologie, Staatssekretärin Cornelia Rogall-Grothe, auf der CeBIT 2013 eine lobende Erwähnung. Im Rahmen des 13. eGovernment-Wettbewerbes 2014 wurde die App mit dem zweiten Platz in der Kategorie „Innovativstes eGovernment-Projekt" ausgezeichnet und auf dem 9. Rostocker eGovernment-Forum für die Einbettung der App in die kommunale Gesamtstrategie und die Nutzung mobiler Informationstechnik für die Kommunikation mit dem Bürger gelobt.

b) Sekundärprävention

1. Qualitätswerkstätten

Um den internen Wissenstransfer zu unterstützen und um im Bezirksamt Neukölln vorhandene Fachkompetenzen zu nutzen und auszubauen wurde durch eine aus Führungskräften der Abteilung Jugend und Gesundheit bestehende Arbeitsgruppe der Vorschlag entwickelt, interne Qualitätswerkstätten zu speziellen Themen durchzuführen. Schwerpunkt der Veranstaltungen sind dabei die individuellen Fragen und Hinweise der Beschäftigten und der Austausch innerhalb der Fachebene. Die Fortbildungen werden dabei in der Regel durch einen Fachvortrag eingeleitet.

Diese internen Fortbildungen sollen in der Regel durch Fachkräfte aus dem Bezirksamt Neukölln durchgeführt werden und richten sich an alle Beschäftigten aus der Abteilung Jugend und Gesundheit, die mit der jeweiligen Thematik der Fortbildung aus dienstlichen Gründen in Berührung kommen. Eine Teilnahme ist nicht verpflichtend, sondern basiert auf Freiwilligkeit. Soweit fachliche Kompetenzen im Bezirksamt Neukölln nicht oder nicht ausreichend verfügbar sind, können auch externe Referenten eingesetzt werden. Dabei werden auch die vorhandenen Schulungsangebote der Verwaltungsakademie Berlin berücksichtigt.

Die Neuköllner Qualitätswerkstätten bezwecken damit neben dem Wissenstransfer eine Vernetzung der Fachkräfte des Jugend- und des Gesundheitsamtes. Sie sind hier unter Sekundärprävention gefasst, da die jeweils thematisierten Fragestellungen und Handlungsfelder in der Regel auf bestimmte Zielgruppen oder Risikofaktoren abzielen. Teilweise werden jedoch auch allgemeine Gesundheitsthemen und erkennbar primärpräventive Fragestellungen behandelt.

Bisher wurden Veranstaltungen zu folgenden Themen durchgeführt:

- Aufenthaltsrecht mit Schwerpunkt minderjährige unbegleitete Flüchtlinge,
- myofunktionelle Störungen im orofazialen Bereich,

- Entwicklungsaspekte und Problembereiche bei Kindern von null bis drei Jahren,

- Bedeutung von Sprache in der Beratung,

- Alkohol in der Schwangerschaft,

- Bindung und Entwicklung mit Videointeraktionsbeobachtung,

- Anzeichen von Kindeswohlgefährdung,

- Medienkompetenz von Eltern,

- Datenschutz im Kinderschutz,

- seelische Gesundheit Neuköllner Kinder aus Sicht der Kinder- und Jugendpsychiatrie: Stand, Ursachen und therapeutische Maßnahmen sowie Fördermöglichkeiten,

- Versorgung von Flüchtlingen in Neukölln,

- aktuelle Zahlen zu Jugend und Gesundheit in Neukölln,

- Fortbildung für Erzieherinnen und Erzieher zum Übergang Kita – Grundschule.

2. Kooperation KJGD und Stadtteilmütter

Stadtteilmütter sind Frauen mit eigener Migrationserfahrung, die im Rahmen einer mehrmonatigen Schulung (in der Regel zwischen sechs und neun Monaten) vorbereitet werden, eigenes und neu erworbenes Wissen an Mütter innerhalb der eigenen ethnischen und kulturellen Gemeinschaft weiterzugeben.

Die Themenschwerpunkte sind dabei unter anderem:

- Gesunde kindliche Entwicklung,

- Rechte des Kindes / gewaltfreie Erziehung,

- vorschulische Förderung,

- gesunde Ernährung,

- Erste Hilfe am Kind / Verhütung von Kinderunfällen,

- Medien / Umgang mit Fernsehen / Computer und

- Rechte und Pflichten von Frauen in Partnerschaft und Ehe[258]

sowie weitere Ziele, die den oben genannten weitgehend entsprechen. Neben diesen Themen wird gleichwohl auf individuelle Schwerpunktberatung eingegangen. Innerhalb von insgesamt zehn Hausbesuchen sollen die besuchten Familien im Sozialraum durch gezielte Beratung eine Stärkung der eigenen elterlichen Kompetenzen in allen Fragen der Erziehung erfahren.

Seit Beginn des Jahres 2014 besteht eine Kooperation zwischen dem Kinder- und Jugendgesundheitsdienst der Abteilung Jugend und Gesundheit des Bezirksamtes Neukölln und den in Neukölln tätigen Stadtteilmüttern. Soweit von Seiten des KJGD bereits vor dem Ersthausbesuch ein Bedarf an Unterstützung durch Stadtteilmütter – sei es aufgrund einer sprachlichen oder kulturellen Barriere – bekannt ist, können die Stadtteilmütter die Fachkräfte des KJGD begleiten und gegebenenfalls eine weitere Begleitung der Familie unmittelbar aufnehmen. Eine Unterstützung des KJGD ist auch möglich, falls ein erster Besuch bei der Familie aufgrund mangelnder Sprachkenntnisse oder kultureller Differenzen nicht erfolgreich war.

Diese Kooperation wird sowohl von Seiten des KJGD als auch von Seiten der Stadtteilmütter als sehr positiv bewertet. Insbesondere die Stadtteilmütter profitieren von dem neuen Zugang zu Familien mit jungen Kindern sowie der fachlichen Nähe zu den Fachkräften des KJGD. Die Sozialpädagogen des KJGD profitieren hingegen von einem leichteren Zugang zu Familien mit Migrationshintergrund sowie vom Abbau der sprachlichen Barrieren.

---

258 Vgl. Diakoniewerk Simeon gGmbH 2011, Seite 2.

Die Kooperation von Stadtteilmüttern und KJGD trägt insofern dazu bei, dass die öffentliche Verwaltung in einer weitgehend fremdkulturellen Umgebung (erfolgreich) kommunizieren und effektiv und effizient professionell tätig werden kann. Sie stärkt damit auch die interkulturelle Kompetenz des KJGD und trägt zur Erreichung des zweiten strategischen Ziels der Neuköllner Präventionskette bei.

3. Babylotse

Das Projekt Babylotse ist ein Screening- und Beratungsverfahren, bei dem Schwangere und junge Familien zum frühestmöglichen Zeitpunkt auf Risikofaktoren untersucht werden und bei Bedarf Beratung und Weiterleitung in das bestehende Unterstützungssystem erhalten. Die Familien werden dazu vor oder nach der Entbindung gezielt angesprochen, um im persönlichen Gespräch und unter Berücksichtigung der vorhandenen Informationen aus dem Mutterpass Risikofaktoren zu identifizieren. Die Teilnahme ist freiwillig. Dieses und vergleichbare Screeningverfahren sind nach dem derzeitigen Forschungsstand am besten geeignet, Gefährdungen von Kindern verlässlich und systematisch zu ermitteln[259]. Erstmals in der Geburtsklinik sowie nach ungefähr drei Wochen und erneut nach drei bis vier Monaten werden die Familien kontaktiert und – falls erforderlich oder gewünscht – weiter unterstützt. Neben der individuellen Unterstützung der Familien werden auch die beteiligten Unterstützungssysteme besser vernetzt. Durch den direkten Zugang aus dem Gesundheitssystem, hier der Geburtshilfe, gelingt zudem ein sehr vollständiges und systematisches Angebot an Familien mit einem neugeborenen Kind. Ein wesentlicher Vorteil ist, dass auch diejenigen Familien erreicht werden, die nicht von sich aus aktiv nach Unterstützung suchen, wie es bei anderen Lotsensystem oft der Fall ist.

---

259 So auch Ziegenhain / Fegert, Seite 14f.

Das System Babylotse ist bereits seit 2007 in Hamburg aktiv und seit Beginn der Bundesinitiative Netzwerke Frühe Hilfen und Familienhebammen landesweit durch sie finanziert. Eine Evaluation, die das Projekt als sehr positiv beurteilt[260], liegt bereits vor. Seit 2012 wurde Babylotse Plus als Praxis- und Forschungsprojekt an der Charité Berlin durchgeführt. Das Projekt Babylotse am Vivantes Klinikum Neukölln startete im Oktober 2014 und wird seitdem vom Bezirksamt Neukölln im Rahmen der Bundesinitiative Netzwerke Frühe Hilfen und Familienhebammen finanziert. Im Jahr 2014 standen dafür 23.000 Euro zur Verfügung. Im Jahr 2015 und 2016 standen jeweils 53.000 Euro zur Verfügung.

Die Umsetzung des Projektes Babylotse am Vivantes Klinikum Neukölln erfolgte bis Mitte 2016 in Kooperation mit dem Kindergesundheitshaus e.V., der Förderverein und Träger der sozialmedizinischen Nachsorge des Perinatalzentrums am Vivantes Klinikum Neukölln ist. Durch das Angebot sozialmedizinischer Nachsorge, sozialpädagogischer Familienhilfe und vieler weiterer familienunterstützender Dienstleistungen rund um die Geburt (Mutter-Kind-Gruppen für Migrantinnen oder speziell für sehr junge Mütter, Geburtsvorbereitungs- und Rückbildungskurse, Säuglingspflege- und Erste-Hilfe-Kurse) sind hier Sozialpädagogen, Fachärzte, eine Diplom-Psychologin, Hebammen und Kinderkrankenschwestern direkt in die Betreuung eingebunden. Sie arbeiten eng mit den Kollegen des Klinikums (medizinisches Personal der Kinder- und Geburtsmedizin, Sozialdienst, Kinderschutzgruppe, Psychiatrie) sowie relevanten Stellen außerhalb der Klinik zusammen (Jugendamt, KJGD, Beratungsstellen, niedergelassene Heilberufe). Ab Mitte 2016 ist das Vivantes Klinikum Neukölln Träger des Projektes Babylotse.

Das Projekt Babylotse trägt mit der Früherkennung sozialer, gesundheitlicher und familiärer Risiken sowie mit der Bereitstellung einer Schnittstelle zwischen Gesundheitswesen und Jugendhilfe wesentlich zur Netzwerkbildung und zur Umsetzung der Frühen Hilfen bei. Sie ist dabei zunächst ein

---

260 Pawils et al. 2010, Seite 61.

Instrument der Primärprävention, da alle Schwangeren, die im Vivantes Klinikum Neukölln entbinden, erfasst werden sollen. Die anschließende Beratung und Vermittlung in das passende Unterstützungssystem erfolgt hingegen nur bei Vorliegen von erkannten Risikofaktoren oder eigenem Wunsch der Familie. Insofern liegt der Schwerpunkt auf sekundärer Prävention.

4. Schreibabyambulanz

Die im Februar 2014 in Neukölln eingerichtete Schreibabyambulanz bietet niedrigschwellige Unterstützung und Hilfe für Familien mit Kindern, die von einer Schreisymptomatik oder anderen Regulationsstörungen betroffen sind. Dazu werden Familien befähigt, mit den Symptomen einer Regulationsstörung umzugehen und sie gegebenenfalls selbstständig zu lindern. Gleichzeitig wird durch körperpsychotherapeutische Verfahren auf eine Beruhigung des Kindes hingearbeitet.

Ziel der Schreibabyambulanz ist es, Babys und Kleinstkinder zu beruhigen, die Eltern zu unterstützen, mit den unterschiedlichsten Belastungen umzugehen, sowie die Mütter bei der Aufarbeitung einer unter Umständen traumatischen Geburt zu begleiten. Die Krisenbegleitung dient dabei ebenso der Gewaltprävention wie dem Vermeiden von Spätschäden bei den Kindern (Bindungsstörungen, Hyperaktivität oder Ess- und Schlafstörungen).

Zusammengefasst sind die Ziele der Schreibabyambulanz:

- Krisenunterstützung der Eltern,
- Symptomrückgang bei allen Familienmitgliedern,
- Erweiterung der elterlichen Handlungskompetenz,
- Förderung eines nachhaltig positiven Bindungsverhaltens,
- Vermeidung von Spätschäden wie zum Beispiel Leistungs- und soziale Anpassungsstörungen im Kindes- und Jugendalter oder Hyperaktivität,

- Vermeidung von psychosomatischen Erkrankungen und

- Prävention von Gewaltübergriffen – Schutz des Kindeswohls.

Die Schreibabyambulanz leistet erste Hilfe in Extremsituationen und bietet Krisenbegleitung zur Prävention von Gewaltübergriffen auf Babys und Kleinkinder bis drei Jahren. Die Krisenbegleitung beginnt mit dem ersten Kontakt und endet, wenn sich die Situation nachhaltig entspannt hat, das Kind die Symptomatik nicht mehr zeigt und die Familie wieder über genügend Ressourcen verfügt, um ihren Alltag zu gestalten.

Eine Behandlung umfasst in der Regel drei bis zehn Termine. Eine Behandlungseinheit dauert zwischen 60 und 90 Minuten. Bei einer sehr deutlich ausgeprägten oder schon länger andauernden Problematik können bis zu zehn Termine notwendig sein um die Situation zu stabilisieren.

Im Jahr 2014 hat die Abteilung Jugend und Gesundheit des Bezirksamtes Neukölln die Schreibabyambulanz mit 15.000 Euro finanziert. Ab 2015 wurde das Leistungsangebot ausgeweitet, da das bisherige Angebot nicht ausreichte und zudem eine am Vivantes Klinikum Neukölln ansässige Psychologin ihr bis dahin nur mittels ärztlicher Überweisung verfügbares Angebot nicht mehr fortführen konnte. Seit 2016 wird die Schreibabyambulanz mit knapp 31.000 Euro finanziert.

5. Familienhebammen

Nachdem die Aufgaben und Zielsetzungen des Einsatzes von Familienhebammen bereits in IV 2. b), sowie die in Neukölln getroffenen Regelungen zur Koordination der Familienhebammen bereits in V 3. c) geschildert wurden, wird an dieser Stelle lediglich auf die Finanzierung der Familienhebammen eingegangen.

Nach dem Ende der Finanzierung von Familienhebammeneinsätzen durch die Stiftung „Eine Chance für Kinder" zum Mai 2014 wurden zwei Familienhebammen zunächst auf der Grundlage von Honorarverträgen beschäftigt. Dafür standen im Haushaltsjahr 2014 57.750 Euro aus Mitteln der Bundesinitiative Netzwerke Frühe Hilfen und Familienhebammen zur Verfügung. Der Abschluss von zunächst vorgesehenen haushaltsjährlich befristeten Arbeitsverträgen mit den Familienhebammen konnte im Jahr 2014 nicht zustande kommen, da die Mittel für das Jahr 2014 von Seiten des Bundesministeriums für Familie, Senioren, Frauen und Jugend in zwei Tranchen (zum 01.02.2014 und zum 01.07.2014) ausgezahlt wurden und daher die Mittel nicht ganzjährig verfügbar waren. Ergänzend ist zu bemerken, dass der Abschluss von Arbeitsverträgen mit einer Dauer von unter sechs Monaten nach § 30 Absatz 3 Satz 1 Tarifvertrag für den öffentlichen Dienst der Länder (TV-L)[261] unzulässig ist.

Dieser Umstand führte auch dazu, dass mit den zur Verfügung stehenden Mitteln lediglich 30 Wochenstunden an Familienhebammenleistungen angeboten werden konnten. Für den gleichen Zeitraum von Mai bis Dezember 2014 hätte eine Beschäftigung über einen Arbeitsvertrag auf Grundlage des TV-L, Entgeltgruppe E8 Stufe 2 deutlich geringere Personalkosten verursacht und mithin eine erhebliche Ausweitung des Angebotes ermöglicht.

Ab 2016 hat der Bezirk Neukölln drei unbefristete Stellen für Familienhebammen mit jeweils 21 Wochenstunden geschaffen, die über die von der Bundesinitiative Frühe Hilfen bereitgestellten Mittel hinausgehend vom Bezirk finanziert werden. Damit kann der Bedarf an Familienhebammenleistungen für den Bezirk langfristig abgesichert werden.

6. Ehrenamtliche

Die im Rahmen der Bundesinitiative Netzwerke Frühe Hilfen und Familienhebammen vorgesehene Einbindung von Ehrenamtlichen in das Netzwerk wird in Neukölln über das Projekt „bärenstark ins Leben mit ehren-

---

261 Vom 12. Oktober 2006 in der Fassung des Änderungstarifvertrages Nr. 7 vom 9. März 2013.

amtlichen Familienpaten" umgesetzt. Seit dem 01.01.2014 verfolgt das Projekt das Ziel, Familien mit Kindern im Alter von null bis drei Jahren eine Unterstützung im Alltag durch ehrenamtliche Familienpaten zu ermöglichen. Im Gegensatz zu professioneller Unterstützung durch Fachkräfte ist dieses Angebot auf alltagspraktische Themen ausgerichtet und beschränkt sich in der Regel auf kurze Entlastungsphasen für die Eltern durch gemeinsame Spaziergänge oder andere Beschäftigung mit den Kindern. Die Ehrenamtlichen sind in der Regel an einem oder zwei Terminen in der Woche für ungefähr zwei Stunden in der Familie.

Die Ehrenamtlichen erhalten vor dem Einsatz in den Familien ein modularisiertes Fortbildungsangebot, das auf Rolle und Funktion sowie auf Grenzen der Familienpaten hinweist. Außerdem werden grundlegende Kenntnisse des Kinderschutzes, der Bindungstheorie und der kindlichen Entwicklung vermittelt.

Das Projekt, das vom Bezirksamt Neukölln im Rahmen der Bundesinitiative in 2014, 2015 und 2016 mit jeweils 68.000 Euro gefördert wird, ist aufgrund der stattfindenden Vorauswahl der Familien als sekundärpräventive Maßnahme zu beschreiben. So werden insbesondere Familien in schwierigen sozialen Lagen (alleinerziehend, fehlendes soziales Netzwerk, junge Eltern, Migrationserfahrungen) unterstützt. Zur Gewinnung von Ehrenamtlichen und zur individuellen Versorgung der Familien kooperiert der Projektträger mit weiteren Netzwerkpartnern der Präventionskette wie der Schreibabyambulanz, dem Kindergesundheitshaus, dem KJGD und den Familienhebammen.

c) Publikationen und Öffentlichkeitsarbeit

Die Maßnahmen der Neuköllner Präventionsstrategie werden von umfassender Öffentlichkeitsarbeit begleitet, die sich sowohl an die Bevölkerung, als auch an die Fachöffentlichkeit richtet.

Die wichtigste regelmäßige Veranstaltung für die Fachöffentlichkeit ist die jährlich stattfindende Neuköllner Präventionskonferenz, auf der über den Stand der präventiven Arbeit in Neukölln berichtet wird. Sie bietet für Fachkräfte auch die Gelegenheit, neue Impulse einzubringen oder Themen anzustoßen und zu diskutieren. Ein wesentlicher Erfolgsfaktor dieser Konferenz ist die Möglichkeit der Vernetzung und Kommunikation aller beteiligten Fachkräfte. Im Jahr 2015 hat die 5. Neuköllner Präventionskonferenz stattgefunden, die in Neukölln auch die Funktion der Gesundheitskonferenz nach § 3 Absatz 5 Satz 1 Gesundheitsdienst-Gesetz[262] wahrnimmt. Im Jahr 2016 findet die 6. Neuköllner Präventionskonferenz statt, die zum Ziel hat, Eltern und Fachkräfte zusammenzubringen und einen Austausch zu ermöglichen.

Neben unterschiedlichen Veranstaltungen zur Information der bezirklichen Kooperationspartner wie Quartiersmanagement, Kindertageseinrichtungen und freien Trägern ist als herausragende Einzelveranstaltung zur Information der Fachöffentlichkeit die Vorstellung der Angebotsdatenbank (siehe V 5. a) 3.) auf dem Kongress Armut und Gesundheit 2014 zu nennen. Der Kongress ist die größte regelmäßig stattfindende Public- Health-Veranstaltung in Deutschland.

An die Familien gerichtet erschienen bisher zwei Broschüren, die sowohl den Übergang von der Familie in die Kita („Kind und Kita") sowie von der Kita in die Grundschule („Kind, Kita, Grundschule") beschreiben und wichtige Fragen der Eltern beantworten. Beide Broschüren sind seit Ende 2014 auch in den Sprachen Polnisch, Bulgarisch, Rumänisch, Türkisch, Arabisch und Englisch verfügbar. Darüber hinaus beinhaltet das Begrüßungspaket das „Elternbegleitbuch", das Ansprechpartner und kurze Informationen zu einzelnen finanziellen und gesundheitlichen Fragen vermittelt.

---

262 Gesetz über den öffentlichen Gesundheitsdienst (Gesundheitsdienst-Gesetz – GDG) vom 25.Mai 2006 (GVBl. S.450), zuletzt geändert durch Artikel II Berliner Gesetz zum Schutz und Wohl des Kindes vom 17. 12. 2009 (GVBl. S.875).

Zum Jahresende 2014 wurde außerdem auf das Erscheinen der App „Gesundes Neukölln" mittels Werbung im öffentlichen Personennahverkehr hingewiesen. Auf fünf U-Bahnhöfen im Bezirk Neukölln wurden insgesamt 10 Bodenfolien angebracht, die über das Angebot informieren und einen direkten Download auf das eigene Smartphone ermöglichen.

Von der politischen Führung wurde die Präventionsstrategie und einige der damit verbundenen Maßnahmen in regionalen und überregionalen Medien[263] vorgestellt.

---

263 Siehe dazu beispielhaft: RTL Nachtjournal vom 23.09.2014, passim und 12.12.2014, passim sowie RBB Abendschau vom 07.10.2012, passim und 25.02.2013, passim.

VI Fazit

Gleichwohl abschließende wissenschaftliche Untersuchungen zur Wirksamkeit Früher Hilfen nicht vorliegen, ist der ihnen zu Grunde liegende Präventionsgedanke unbestritten sinnvoll und wichtiger Bestandteil von Maßnahmen der Kinder- und Jugendhilfe sowie des Gesundheitswesens. Gleichzeitig zeigt die Kosten-Nutzen-Analyse eindrücklich, dass sich Investitionen in (erfolgreiche) Frühe Hilfen langfristig auszahlen können. Vor dem Hintergrund der zunehmenden Kostensteigerungen im Bereich der Kinder- und Jugendhilfe sowie der allgemein angespannten Haushaltslage von Ländern und Kommunen ist dieser Erkenntnis durch eine Fokussierung auf Frühe Hilfen Rechnung zu tragen.

Die gesetzlichen Grundlagen für die Umsetzung von Frühen Hilfen sind aus fachlicher Sicht grundsätzlich zufriedenstellend. Sie geben den umsetzenden Kommunen weitgehende Entscheidungsfreiheit bei der Reaktion auf die Herausforderungen vor Ort. Erkennbar mangelt es jedoch an einer verlässlichen Finanzierung, die über eine zeitlich befristete Projektförderung der Bundesebene hinausgeht. Das mittlerweile im Bundestag verabschiedete Präventionsgesetz ist zwar grundsätzlich geeignet, diese Lücke zu schließen. Eine konkrete Fördersumme für Frühe Hilfen sieht das Gesetz, wie auch bereits der Referentenentwurf, nicht vor. Der Weg, gesetzliche und private Krankenversicherungen an der Finanzierung von Präventionsarbeit zu beteiligen, ist jedoch zu begrüßen. Für die langfristige Sicherung der Finanzierung haben sich Bund und Länder auf eine Stiftungsgründung geeinigt, die bis Ende 2017 erfolgen soll.

Aufbauend auf dem aktuellen Forschungsstand, insbesondere unter Berücksichtigung der Forschung des NZFH, hat die Bundesinitiative Netzwerke Frühe Hilfen und Familienhebammen das Ziel, Frühe Hilfen, die sich an alle Eltern ab der Schwangerschaft und an Eltern mit Kleinkindern wenden, zu stärken, um über Unterstützungsmöglichkeiten zu informieren und insbesondere Eltern in belasteten Lebenslagen spezifische Unterstützung anzubieten. Sie setzt dabei auf den Auf- und Ausbau von Netzwerken sowie den Einsatz von Familienhebammen und Ehrenamtlichen. Diese über das Bundeskinderschutzgesetz rechtlich verankerten Schwerpunktsetzungen im Bereich der Primär- und Sekundärprävention sollen langfristig dazu beitragen, das Wohl von Kindern und Jugendlichen zu schützen und ihre körperliche, geistige und seelische Entwicklung zu fördern. Das zuständige Bundesministerium ist dabei auf die Umsetzung der Maßnahmen in den betroffenen Kommunen angewiesen und kann nur in begrenztem Maße – zum Beispiel durch Beratung von Fachkräften oder unterstützende Öffentlichkeitsarbeit – selbstständig tätig werden.

Im Berliner Bezirk Neukölln wurden die Ziele der Bundesinitiative sowie die zu ihrer Erreichung zur Verfügung stehenden Mittel mit der kommunalen Präventionsstrategie verknüpft. In den Lebensphasen von der Schwangerschaft bis zum dritten Lebensjahr ist dabei eine Deckungsgleichheit der Zielsetzungen zu erkennen. Primärpräventiv sollen alle Eltern über bestehende Unterstützungsangebote informiert und zu deren Wahrnehmung motiviert werden, während die Sekundärprävention darauf abzielt, Familien zu erreichen und zu unterstützen, die von besonderen Risikofaktoren betroffen sind. Beide Ziele können teilweise mit ähnlichen Maßnahmen erreicht werden – nur selten lässt sich eine Maßnahme ausschließlich einer Präventionsebene zuordnen. So werden zunächst alle Familien durch das Screeningverfahren Babylotse erreicht, während in der Regel nur belasteten Familien anschließend eine Beratung aktiv angeboten wird. Deutlich wird eine ausschließliche Zuordnung zur Sekundärprävention hingegen bei dem Einsatz von Familienhebammen oder der Schreibabyambulanz. Dort müssen bestimmte Belastungen oder Risiken vorliegen, um einen Zugang zu ermöglichen.

Zusammengefasst scheint die Konzeption der Frühen Hilfen sowie deren bisherige Umsetzung im Bezirk Neukölln den durch den Gesetzgeber gestellten Anforderungen zu entsprechen. Im Bereich der primären oder universellen Prävention ist hervorzuheben, dass mit der Entwicklung der Anwendung für mobile Endgeräte ein bundesweit einzigartiger Weg in der

Vermittlung der Inhalte und Angebote Früher Hilfen gegangen wurde. Hier ist zukünftig zu beobachten, wie diese Möglichkeit des Zugangs zu Unterstützungsangeboten durch die Familien genutzt wird und wie die Angebotsdatenbank zielgruppengerecht erweitert werden kann. Denkbar ist hier auch eine – teilweise bereits angefragte – Nutzung durch andere Bezirke oder eine thematische Ausweitung.

Die darüber hinaus stattfindenden Maßnahmen der primären Prävention gehen teilweise – wie am Beispiel der Ersthausbesuche erkennbar – über die gesetzlichen Anforderungen hinaus und sind geeignet, die Bevölkerung sachgerecht und frühzeitig zu informieren. Dazu werden auch Printmaterialien genutzt und weiträumig über Kindertageseinrichtungen und Behörden in Neukölln verteilt.

Die sekundäre Prävention wird in Neukölln maßgeblich über die Bundesinitiative Netzwerke Frühe Hilfen und Familienhebammen geleistet. Sowohl die Familienhebammenarbeit als auch das Screening- und Beratungsverfahren Babylotse wird über die dafür zur Verfügung gestellten Bundesmittel finanziert. Durch die Ausweitung der Familienhebammenkapazität und die Anbindung an den Kinder- und Jugendgesundheitsdienst wurden sowohl die strukturellen als auch fachlichen Voraussetzungen für eine angemessene Versorgung der Neuköllner Bevölkerung mit Familienhebammen hergestellt. Zukünftig ist darauf zu achten, dass die Finanzierung der Nachfrage entspricht und gegebenenfalls ausgeweitet wird.

Mit der Einführung eines Screening- und Beratungsverfahrens am Vivantes Klinikum Neukölln hat der Bezirk Neukölln zudem einen großen Schritt zur Systematisierung und dauerhaften Verankerung von Frühen Hilfen im System der bezirklichen Kinder- und Jugendhilfe sowie im Gesundheitswesen getan. Babylotse hat in dieser Hinsicht das Potential, Risikofaktoren von Familien frühzeitig zu erkennen und das bestehende Unterstützungssystem durch zielgerichtete Vermittlung zu stärken. Eine langfristige und verlässliche Finanzierung vorausgesetzt, kann hier ein zentraler Punkt der Frühen Hilfen im Bezirk entstehen.

Die in Neukölln durch die politische Führung bewusst gewählte inhaltliche und strukturelle Verknüpfung von bezirklicher Präventionsstrategie und Bundesinitiative gewährleistet gute organisatorische Bedingungen zur Umsetzung der gemeinsamen Ziele. Die derzeit als weitgehend auskömmlich zu bezeichnende Finanzierung steht jedoch nach dem Auslaufen der Bundesinitiative vor einer unsicheren Zukunft. Nachdem noch unklar ist, in welcher Form und Höhe mit einer Weiterfinanzierung der Frühen Hilfen durch den Bund nach 2015 zu rechnen ist, lässt sich keine Aussage über die langfristige Absicherung der Maßnahmen treffen. Klar ist nur, dass eine ausschließliche Finanzierung aller Maßnahmen durch die Kommunen die Leistungsfähigkeit des Bezirkes Neukölln übersteigt.

Die Anbindung der Netzwerkkoordination und der Präventionsbeauftragten in der Stabsstelle ist geeignet, die Vernetzung von Jugend- und Gesundheitsamt voranzutreiben und trägt zu einer ergebnisorientierten Aufgabenerfüllung bei. Dies wird insbesondere im Vergleich mit anderen Berliner Bezirken, in denen die Netzwerkkoordination auf zwei Abteilungen verteilt ist, deutlich. Gleichzeitig stehen alle verantwortlichen Akteure vor der Herausforderung, erfolgreiche Projekte weiterhin in die Regelstruktur zu integrieren und langfristig in der Organisation zu verankern.

Mittelfristig ist eine Evaluation der bisher umgesetzten Maßnahmen anzustreben. Neben dem eigenen Steuerungs- und Kontrollinteresse des Bezirksamtes Neukölln sind wissenschaftliche Untersuchungen auch vor dem Hintergrund der bisher nur spärlich vorhandenen Ergebnisse zur tatsächlichen Wirksamkeit Früher Hilfen ein wichtiger Beitrag zur langfristigen Sicherung oder Umsteuerung der Strategien der Frühen Hilfen und über den Bezirk hinaus von Interesse. Die Umsetzung geeigneter Evaluation wird jedoch noch Zeit in Anspruch nehmen, da eine Messbarkeit der Erfolge durch eingeleitete Maßnahmen erst in einigen Jahren zu erwarten ist. So müssen sich die bisher umgesetzten Maßnahmen zunächst etablieren und von der Bevölkerung genutzt werden. Eine erste wirkungsvolle Beurteilung der Wirkung der Frühen Hilfen kann in Neukölln erst auf Grundlage der flächendeckenden Einschulungsuntersuchungen erfolgen. Ergebnisse von Einschulungsuntersuchungen der Kinder, die unter dem Einfluss der Präventionskette aufgewachsen sind, wird es nicht vor 2020 geben. Erst ab dann können die jährlichen Einschulungsuntersuchungen Einblicke darin erlauben, welche Maßnahmen erfolgreich waren.

Literatur- und Quellenverzeichnis

Bezirksamt Neukölln von Berlin

- *Handlungsleitfaden für die Neuköllner Präventionskette, Prozessbeschreibung, Aufbau und weitere Schritte*, Berlin 2012. Fundstelle: http://www.berlin.de/imperia/md/content/baneukoelln/gesplan /qpk/handlungsleitfaden_pr__ventionskette.pdf?download.html [zuletzt abgerufen am: 20.01.2015]

- *Gesundheitsbericht Entwicklungsstand der Neuköllner Kinder im Alter von 5 bis 6,5 Jahren*, Berlin 2013. Fundstelle: http://www.berlin.de/imperia/md/content/baneukoelln/gesplan /qpk/gesundheitsbericht_esu_0313.pdf?download.html [zuletzt abgerufen am: 20.01.2015]

- *Gesundheitsbericht 2016*, Berlin 2016. Fundstelle: http://www.berlin.de/ba-neukoelln/politik-und-verwaltung/stelle-fuer-qualitaets-entwicklung-planung-und-koordination/artikel.143578.php [zuletzt abgerufen am: 08.07.2016]

Böllert, Karin

- *Zwischen Intervention und Prävention: Eine andere Funktionsbestimmung sozialer Arbeit*, Neuwied 1995.

- *Intervention und Prävention*, in: Otto, Hans-Uwe / Thiersch, Hans (Hrsg.): Handbuch soziale Arbeit. Grundlagen der Sozialarbeit und Sozialpädagogik, München 2011, Seiten 1125 bis 1130.

Bundesministerium für Familie, Senioren, Frauen und Jugend

- *Verwaltungsvereinbarung: Bundesinitiative Netzwerke Frühe Hilfen und Familienhebammen 2012–2015*, Berlin 2012. Fundstelle: http://www.fruehehilfen.de/fileadmin/user_upload/fruehehilfen.

de/pdf/Verwaltungsvereinbarung_Bundesinitiative_01.pdf [zuletzt abgerufen am: 20.01.2015]

Bundesministerium für Familie, Senioren, Frauen und Jugend / Bundesministerium der Justiz

- *Gewaltfreie Erziehung. Eine Bilanz nach Einführung des Rechts auf gewaltfreie Erziehung*, Berlin 2003. Fundstelle: http://www.bmfsfj.de/RedaktionBMFSFJ/Broschuerenstelle/Pdf-Anlagen/gewaltfreie-erziehung-bussmann-deutsch,property=pdf.pdf [zuletzt abgerufen am: 20.01.2015]

Bundesministerium für Gesundheit

- *Entwurf eines Gesetzes zur Stärkung der Gesundheitsförderung und Prävention (Referentenentwurf)*, Bearbeitungsstand vom 20.10.2014. Fundstelle: http://www.bvpraevention.de/bvpg/images/gesundheitspolitik/r eferentenentwurf_oktober_2014.pdf [zuletzt abgerufen am: 20.01.2015]

Bundesministerium für Jugend, Familie, Frauen und Gesundheitsförderung

- *Achter Jugendbericht*, Bonn 1990. Fundstelle: http://www.bmfsfj.de/doku/Publikationen/kjb/data/download/8 _Jugendbericht_gesamt.pdf [zuletzt abgerufen am: 20.01.2015]

Bundesverfassungsgericht

- *Beschluss des Ersten Senats vom 29. Juli 1968*, 1 BvL 20/63, 31/66 und 5/67 (BVerfGE 24, 119). Fundstelle: http://www.servat.unibe.ch/dfr/bv024119.html [zuletzt abgerufen am: 20.01.2015]

Buschhorn, Claudia

- *Frühe Hilfen: Versorgungskompetenz und Kompetenzüberzeugung von Eltern*, Wiesbaden 2012.

Cunha, Flavio / Heckman, James

- *The technology of skill formation*, in: American Economic Review, Heft 2 2007, Seiten 31 bis 47.

Deegener, Günther / Körner, Wilhelm

- *Risikoerfassung bei Kindesmisshandlung und Vernachlässigung. Theorie, Praxis, Materialien*, Lengerich 2006.

Der Polizeipräsident in Berlin

- *Polizeiliche Kriminalitätsstatistik Berlin 2013*, Berlin ohne Angabe von Erscheinungsjahr. Fundstelle: http://www.berlin.de/polizei/_assets/verschiedenes/pks/pks_2013.pdf [zuletzt abgerufen am: 09.01.2015]

Deutscher Bundestag

- *Drucksache 16/6815 Entwurf eines Gesetzes zur Erleichterung familiengerichtlicher Maßnahmen bei Gefährdung des Kindeswohls*, Berlin 2007.
- *Drucksache 17/6256 Entwurf eines Gesetzes zur Stärkung eines aktiven Schutzes von Kindern und Jugendlichen*, Berlin 2011.

Deutscher Kinderschutzbund, Landesverband Berlin e.V.

- *Stellungnahme zur Gesetzesvorlage zum Schutz und Wohl des Kindes vom 20.02.2009*, Berlin 2009. Fundstelle:

http://www.parlament-
berlin.de/ados/16/GesUmVer/vorgang/guv16-0308-v-st-DKSB.pdf
[zuletzt abgerufen am: 09.01.2015]

Diakoniewerk Simeon gGmbH

- *Stadtteilmütter in Neukölln Übersicht und Informationen über das Projekt*,
  Berlin   2011.   Fundstelle: http://www.diakonie-
  integrationshilfe.de/fileadmin/Benutzerdaten/Soziales-und-
  Integrati-
  on/Stadtteilmuetter/DIGITAL_SIS_FLYER_STADTEILMUETTER_2
  0111202__2_.pdf [zuletzt abgerufen am: 20.01.2015]

Geene, Raimund

- *Ein Meilenstein zur Stärkung der Gesundheitsförderung in Deutschland,
  Kommentar zum Anfang November veröffentlichten Referentenentwurf des
  Präventionsgesetzes*, in: Gesundheit Berlin-Brandenburg Arbeitsgemeinschaft für Gesundheitsförderung (Hrsg.): Info_Dienst für Gesundheitsförderung, 4. Ausgabe 2014, Seiten 3 bis 4, Berlin 2014.

Hartmann, Wolfram

- *Die Kontrolle muss eng sein, anders geht es nicht*, in: Der Tagesspiegel
  vom 04.10.2014, Interview mit Barbara Schönherr, Berlin 2014. Fundstelle: http://www.tagesspiegel.de/berlin/kinderschutz-die-
  kontrolle-muss-eng-sein-anders-geht-es-nicht/10791474.html   [zu-
  letzt abgerufen am: 20.01.2015]

Hensen, Gregor / Rietmann, Stephan

- *Systematische Gestaltung früher Hilfezugänge*, in: Bastian, Pascal /
  Diepholz, Annerieke / Lindner, Eva (Hrsg.): Frühe Hilfen für Familien und soziale Frühwarnsysteme, Seiten 35 bis 58, Münster 2008.

Hentschke, Anna-Kristen / Bastian, Pascal / Delbrügge, Virginia / Lohmann, Anne / Böttcher, Wolfgang / Ziegler, Holger

- *Parallelsystem Frühe Hilfen? Zum Verhältnis von frühen präventiven Familienhilfen und ambulanten Erziehungshilfen*, in: Soziale Passagen, 01/2011, Kassel 2011.

Hornbruch, Christin / Janella, Maren

- *Auf dem Weg zur Entwicklung einer kommunalen Gesamtstrategie in der Umsetzung kommunaler Gesundheitsförderung und Prävention (durch den Aufbau kommunaler Präventionsketten): Praxiserfahrungen der Kommunen, die am Partnerprozess „Gesundes aufwachsen für alle!" des Kooperationsverbundes „Gesundheitsförderung bei sozial Benachteiligten" teilnehmen*, unveröffentlichte Masterarbeit zur Erlangung des akademischen Grades Master of Science, Freie Universität Berlin, Studiengang: „Public Health: Psychosoziale Prävention und Gesundheitsförderung", Berlin 2012.

Hurrelmann, Klaus / Klotz, Theodor / Haisch, Jochen

- *Lehrbuch Prävention und Gesundheitsförderung*, 3. Auflage, Bern 2010.

Jugend- und Familienministerkonferenz

- *Umlaufbeschluss 7/2015 vom 05.08.2015 Weiterentwicklung der Bundesinitiative Frühe Hilfen*, nichtöffentlicher Beschluss, liegt dem Verfasser vor.

Jordan, Erwin / Schneider, Karin / Wagenblass, Sabine

- *Soziale Frühwarnsysteme – Frühe Hilfen für Familien. Arbeitshilfe zum Aufbau und zur Weiterentwicklung lokaler sozialer Frühwarnsysteme*, Münster 2005.

Kindler, Heinz

- *Prävention von Vernachlässigung und Kindeswohlgefährdung im Säuglings- und Kleinkindalter*, in: Fegert, Jörg / Ziegenhain, Ute (Hrsg.): Kindeswohlgefährdung und Vernachlässigung, Seiten 94 bis 108, München/Basel 2007.

Kindler, Heinz / Sann, Alexandra

- *Frühe Hilfen zur Prävention von Kindeswohlgefährdung*, in: Kinder- und Jugendschutz in Wissenschaft und Praxis, Heft 2 2007, Seiten 42 bis 45.

- *Früherkennung von Risiken für Kindeswohlgefährdung*, in: Kißgen, Rüdiger / Heinen, Norbert (Hrsg.): Frühe Risiken und Frühe Hilfen, Seiten 161 bis 174, Stuttgart 2010.

Landesvereinigung für Gesundheit & Akademie für Sozialmedizin Niedersachsen e.V.

- *Werkbuch Präventionskette, Herausforderungen und Chancen beim Aufbau von Präventionsketten in Kommunen, Hannover 2013.* Fundstelle: http://www.fruehehilfen.de/fileadmin/user_upload/fruehehilfen. de/pdf/Publikation_Werkbuch_Praeventionskette.pdf [zuletzt abgerufen am: 20.01.2015]

Maier-Gräwe, Uta / Wagenknecht, Inga

- *Kosten und Nutzen Früher Hilfen* in: Nationales Zentrum Frühe Hilfen (Hrsg.): Materialien zu Frühen Hilfen 4, Köln 2011.

Meysen, Thomas / Eschelbach, Diana

- *Das neue Bundeskinderschutzgesetz*, Baden-Baden 2012.

Münder, Johannes / Meysen, Thomas / Trenczek, Thomas

- *Frankfurter Kommentar zum SGB VIII: Kinder- und Jugendhilfe*, Weinheim 2006.

Nationales Zentrum Frühe Hilfen in der Bundeszentrale für gesundheitliche Aufklärung (NZFH)

- *Nationales Zentrum Frühe Hilfen*, Köln 2010. Fundstelle: http://www.fruehehilfen.de/fileadmin/user_upload/fruehehilfen.de/pdf/NZFH_Imagebroschuere.pdf [zuletzt abgerufen am: 20.01.2015]

- *Kompetenzprofil Netzwerkkoordinatorinnen und Netzwerkkoordinatoren*, Köln 2013a. Fundstelle: http://www.fruehehilfen.de/fileadmin/user_upload/fruehehilfen.de/pdf/Publikation_NZFH_Kompetenzprofil_Netzwerkkoordinatoren.pdf [zuletzt abgerufen am: 20.01.2015]

- *Kompetenzprofil Familienhebammen*, Köln 2013b. Fundstelle: http://www.fruehehilfen.de/fileadmin/user_upload/fruehehilfen.de/downloads/Kompetenzprofil_Familienhebammen.pdf [zuletzt abgerufen am: 20.01.2015]

- *Bundesinitiative Frühe Hilfen, Zwischenbericht 2014*, Köln 2014. Fundstelle: http://www.fruehehilfen.de/fileadmin/user_upload/fruehehilfen.de/pdf/Bundesinitiative_Fruehe_Hilfen_Zwischenbericht_2014.pdf [zuletzt abgerufen am: 20.01.2015]

Pawils, Silke / Schwinn, A. / Koch, Uwe / Metzner, Franka / Reiß, Franziska

- *Endbericht Babylotse Hamburg - modellhafte Evaluation der Wirksamkeit eines Sozialen Frühwarnsystems -*, Universitätsklinikum Hamburg-Eppendorf (Hrsg.), Hamburg 2010.

Prognos AG

- *Evaluation des präventiven Kinderschutzes im Rahmen der Umsetzung der Bundesinitiative „Netzwerke Frühe Hilfen und Familienhebammen 2012 bis 2015" im Land Berlin*, Berlin 2015, unveröffentlich, liegt dem Verfasser vor.

RBB Abendschau

- *Prävention im Kinderschutz*, 07.10.2012. Fundstelle: https://www.youtube.com/watch?v=vhd0I_p-EC0 [zuletzt abgerufen am 20.01.2015]

- *Erstes Begrüßungspaket für die kleine Charlotte*, 25.02.2013. Fundstelle: https://www.youtube.com/watch?v=LClHABJI5uE [zuletzt abgerufen am 20.01.2015]

RTL Nachtjournal

- *Fall Lena: Suche nach Fehler im System*, 23.09.2014. Fundstelle: http://www.rtl.de/cms/news/rtl-aktuell/fall-lena-suche-nach-fehler-im-system-40761-51ca-67-2059867.html [zuletzt abgerufen am 20.01.2015]

- *Weihnachten – das Fest der Hiebe?*, 12.12.2014. Fundstelle: http://www.rtl.de/cms/news/rtl-nachtjournal/weihnachten-das-fest-der-hiebe-3986f-c8bb-53-2146335.html [zuletzt abgerufen am 20.01.2015]

Sann, Alexandra / Landua, Detlef

- *Konturen eines vielschichtigen Begriffs: Wie Fachkräfte Frühe Hilfen definieren und gestalten*, in: Deutsches Jugendinstitut e.V. (Hrsg.): IzKK Nachrichten Kinderschutz und Frühe Hilfen, Seiten 47 bis 52, München 2010.

Sann, Alexandra / Schäfer, Reinhild

- *Das Nationale Zentrum Frühe Hilfen – eine Plattform zur Unterstützung der Praxis*, in: Bastian, Pascal / Diepholz, Annerieke / Lindner, Eva (Hrsg.): Frühe Hilfen für Familien und soziale Frühwarnsysteme, Seiten 103 bis 121, Münster 2008.

Schmid, Heike / Meysen, Thomas

- *Was ist unter Kindeswohlgefährdung zu verstehen?*, in: Handbuch Kindeswohlgefährdung nach § 1666 BGB und Allgemeiner Sozialer Dienst (ASD), Kapitel 2, München 2006.

Schone, Reinhold

- *Kontrolle als Element von Fachlichkeit in den sozialpädagogischen Diensten der Kinder- und Jugendhilfe*. Expertise im Auftrag der Arbeitsgemeinschaft für Kinder- und Jugendhilfe – AGJ, Berlin 2008.

- *Kinderschutz – zwischen Frühen Hilfen und Gefährdungsabwehr*, in: Deutsches Jugendinstitut e.V. (Hrsg.): IzKK Nachrichten Kinderschutz und Frühe Hilfen, Seiten 4 bis 7, München 2010.

Senatsverwaltung für Bildung, Wissenschaft und Forschung Berlin

- *Konzept für ein Netzwerk Kinderschutz: Kinderschutz verbessern - Gewalt gegen Kinder entgegenwirken*, Berlin 2007. Fundstelle: http://www.berlin.de/imperia/md/content/sen-ju-gend/kinder_und_jugendschutz/konzept_netzwerk_kinderschutz.pdf?start&ts=1280822196&file=konzept_netzwerk_kinderschutz.pdf [zuletzt abgerufen am: 20.01.2015]

Senatsverwaltung für Finanzen Berlin

- *Personal-Durchschnittssätze für das Haushaltsjahr 2015*, zum Zeitpunkt der Abgabe der Arbeit noch unveröffentlichtes Rundschreiben 73/2014.

Statistisches Bundesamt

- *Statistiken der Kinder- und Jugendhilfe Ausgaben und Einnahmen*, Wiesbaden 2014. Fundstelle: https://www.destatis.de/DE/Publikationen/Thematisch/Soziales/ KinderJugendhil- fe/AusgabenEinnahmenJugendhilfe5225501127004.pdf?__blob=publ icationFile [zuletzt abgerufen am: 20.01.2015]

Tsokos, Michael / Guddat, Saskia

- *Deutschland misshandelt seine Kinder*, München 2014.

Wiesner, Reinhard

- *Finanzierungsmöglichkeiten Früher Hilfen: Zwischen früher Förderung von Eltern und Kindern und Hilfen zur Erziehung*, in: Deutsches Jugendinstitut e.V. (Hrsg.): IzKK Nachrichten Kinderschutz und Frühe Hilfen, Seiten 32 bis 36, München 2010.

Wille, Nora / Ravens-Sieberer, Ulrike

- *Die neue Morbidität bei Kindern und Jugendlichen – Auswirkungen des familiären Kontextes und der sozialen Lage auf die Gesundheit*, in: Bastian, Pascal / Diepholz, Annerieke / Lindner, Eva (Hrsg.): Frühe Hilfen für Familien und soziale Frühwarnsysteme, Seiten 11 bis 33, Münster 2008.

Wolff, Reinhart

- *Hilfe und Schutz für alle von Anfang an – Keine Trennung zwischen Frühen Hilfen und Kinderschutz*, in: Deutsches Jugendinstitut e.V. (Hrsg.): IzKK Nachrichten Kinderschutz und Frühe Hilfen, Seiten 8 bis 11, München 2010.

Ziegenhain, Ute / Fegert, Jörg Michael

- *Frühe und präventive Hilfen für Eltern mit Säuglingen und Kleinkindern*, in: Meysen, Thomas / Schönecker, Lydia / Kinderl, Heinz (Hrsg.): Frühe Hilfen im Kinderschutz, Rechtliche Rahmenbedingungen und Risikodiagnostik in der Kooperation von Gesundheits- und Jugendhilfe, München 2009.

Ziegler, Holger

- *Gewaltstudie 2013: Gewalt- und Missachtungserfahrungen von Kindern und Jugendlichen in Deutschland*, Abstract, Bielefeld 2013. Fundstelle: http://presse.healthcare.bayer.de/html/pdf/presse/de/digitale_pressemappen/Gewaltstudie_2013/03_Abstract_Gewaltstudie_ProfZiegler.pdf [zuletzt abgerufen am: 20.01.2015]

Abbildungsverzeichnis

Abkürzungsverzeichnis

AG KJHG	Gesetz zur Ausführung des Kinder- und Jugendhilfegesetzes
BGB	Bürgerliches Gesetzbuch
BGBl	Bundesgesetzblatt
BKiSchG	Bundeskinderschutzgesetz
BZgA	Bundeszentrale für gesundheitliche Aufklärung
GG	Grundgesetz für die Bundesrepublik Deutschland
GVBl	Gesetz- und Verordnungsblatt Berlin
HzE	Hilfen zur Erziehung
KiSchuG	Berliner Kinderschutzgesetz
KJGD	Kinder- und Jugendgesundheitsdienst
KKG	Gesetz zur Kooperation und Information im Kinderschutz
LKS	Landeskoordinierungs- und Servicestelle Netzwerke Frühe Hilfen Berlin
NZFH	Nationales Zentrum Frühe Hilfen
SchKG	Schwangerschaftskonfliktgesetz
SGB	Sozialgesetzbuch
SPFH	Sozialpädagogische Familienhilfe

Zeitfracht Medien GmbH
Ferdinand-Jühlke-Straße 7
99095 Erfurt, Deutschland
produktsicherheit@kolibri360.de